LIRE LE CARACTERE SUR UN VISAGE

Guide pratique

Camille Baldi

LIRE LE CARACTERE SUR UN VISAGE

Guide pratique

DE VECCHI POCHE
20, rue de la Trémoille
75008 PARIS

Traduction de Sylvie Pizzuti

La physiognomonie: historique

- ***L'étude du rapport entre le corps et l'esprit a connu des succès et des infortunes.***
- ***D'Aristote à Pende, en passant par Lombroso, les scientifiques s'accordent pour admettre l'importance de la physiognomonie en tant qu'instrument indispensable à la connaissance de soi et des autres.***

La physiognomonie est une discipline parascientifique qui permet de **connaître le caractère psychologique et moral d'une personne d'après son physique**, et plus particulièrement d'après les traits et les expressions de son visage. Autrefois, on la considérait comme l'une des principales matières de la physiologie pratique: ceux que l'on nomme actuellement les *physiognomonistes* essayaient de "deviner" le caractère d'une personne en comparant ses particularités physiques à celles de différents types d'animaux, auxquels étaient attribuées certaines qualités morales. Ainsi, Attila fut identifié au faucon, Néron à la hyène, Voltaire au furet et Cléopâtre à la panthère.

Depuis toujours, l'homme a soupçonné, indépendamment des caractères génétiques, l'existence d'un lien étroit entre le physique, le caractère et le comportement. D'aucuns considèrent d'ailleurs que la physiognomonie s'inspire tout bonnement de la distinction entre individus en bonne santé et individus malades ou anormaux, une distinction qui remonte à la préhistoire.

Au fil des siècles, les progrès de l'organisation sociale et les expériences ont permis de reconnaître le lien entre l'aspect physique de l'homme et son comportement. Il a fallu néanmoins attendre les thèses scientifiques de savants grecs (**Platon, Hippocrate et Aristote**, auteur du plus ancien traité de physiognomonie) pour que cette théorie soit formulée de façon vraisemblable. Pendant le Moyen Age, la physiognomonie a été étudiée aussi bien par des scientifiques, surtout arabes, comme **Averroès et Avicenne, que par des philosophes scolastiques comme Albert le Grand, Pierre d'Abano et Michel Scoto**.

C'est pendant la **Renaissance** que l'art physiognomonique a atteint son apogée. Les traités se sont multipliés jusqu'à la publication, en 1586, de ce que l'on continue de considérer comme le texte fondamental de la physiognomonie: *De humana physiognomonia*, de Jean-Baptiste della Porta. Ce livre, qui a inspiré et influencé l'art de la caricature, a mis en évidence les principaux traits communs entre le visage humain, les éléments du caractère et les expressions des animaux. Certes, l'ouvrage de Porta, traduit dans de nombreuses langues et réédité à plusieurs reprises, est encore loin des subtilités psychologiques de la physiognomonie moderne. On y trouve cependant les premiers éléments scientifiques de la caractérologie, ces principes qui, après les études approfondies d'anatomie du XVIIe siècle, permirent au théologien suisse **Johann Kaspar Lavater** de publier, entre 1775 et 1778, *Physiognomische Fragmente zur Beförderung der Menschenkenntnis und Menschenliebe*

(Fragments de physiognomonie pour promouvoir la connaissance et l'amour de l'homme).

Dans cet ouvrage (à l'élaboration duquel Goethe a participé), Lavater remania les études de ses prédécesseurs et essaya d'élever la physiognomonie au rang d'une science exacte. En se fondant sur les analyses physiognomoniques de personnages célèbres, le savant suisse formula l'hypothèse selon laquelle **la vie intellectuelle et les facultés de l'âme se manifestent surtout au niveau de la structure du crâne et de la forme du visage, du front, du nez et de la bouche**.

A la même époque, le physiologiste hollandais **Petrus Camper** étudia la physiognomonie à la lumière des premières théories évolutionnistes et émit l'hypothèse qu'il existait une relation directe entre l'ouverture de l'angle facial, à savoir la projection idéale du visage, et le degré d'intelligence. Au début du XIXe siècle, le médecin allemand **Franz Joseph Gall** nuança certaines affirmations de Lavater et formula les premiers rudiments de la **phrénologie**. Gall, et plus tard son élève **Johann Kaspar Spurheim**, soutenaient que **le développement et les qualités de l'esprit sont étroitement liés aux protubérances et aux dépressions de la boîte crânienne**.

Cesare Lombroso poursuivit ces études en y introduisant des notions d'anthropologie: à la fin du XIXe siècle, il élabora **un système de physiognomonie criminologiste** qui obtint la faveur du grand public et l'approbation des juges et des magistrats. Ceux-ci n'hésitèrent pas, parfois, à se servir indûment des thèses de Lombroso pour justifier certaines sentences douteuses.

En 1930, une étude rigoureuse et systématique publiée aux Etats-Unis par l'anglais **Charles Goring a montré que le**

système de Lombroso ne reposait sur aucun fondement. Par la suite, la physiognomonie a été réfutée par de nombreux psychologues et anthropologues, ce qui a contribué à la discréditer davantage.

Ce n'est qu'à partir des années cinquante que l'on a recommencé à s'intéresser au rapport entre le corps et l'esprit. Certains chercheurs (**Sheldon, Pende** et **Gibass**) ont élaboré une théorie sur l'art physiognomonique tout à fait digne d'intérêt. Cette théorie, qui repose sur les recherches scientifiques les plus avancées dans le domaine de la biologie (étude du corps humain) et de la psychologie (étude du mental), est considérée à l'heure actuelle comme un instrument de travail sérieux et fiable.

Aujourd'hui, la physiognomonie peut nous aider à démasquer les hommes et à deviner leur véritable caractère, à déjouer les pièges du look et les ruses des apparences. Elle peut aussi nous permettre de nous découvrir nous-mêmes.

La physiognomonie actuelle

> • ***On parle de plus en plus d'incommunicabilité, de solitude, de rapports sociaux et affectifs difficiles.***
>
> • ***La physiognomonie est devenue un véritable art de l'interprétation psychique. A tout moment de la vie quotidienne, elle peut nous rendre de grands services.***

La plupart des gens marchent dans la foule sans remarquer les autres; ou, **s'ils les regardent**, c'est d'une façon machinale, **sans vraiment les voir**. Cette habitude de ne pas observer son entourage avec l'attention qui lui est due influe négativement sur la psyché et empêche parfois de faire des rencontres, d'ébaucher de nouvelles relations. Et ce, à une époque où l'on parle de plus en plus d'incommunicabilité. De toute évidence, nous commençons à avoir la vocation de la solitude; mais le désir de se replier sur soi-même est tel qu'il met en cause non seulement la connaissance d'autrui, mais aussi celle de soi. En d'autres termes, on finit par oublier la valeur exacte des relations sociales, considérées pourtant, en dehors des conventions, comme la qualité propre aux êtres intelligents. En effet, ce sont les rapports sociaux qui différencient l'homme de l'animal, et ce depuis le fin fond de la préhistoire.

Comment trouver alors une solution à cette situation? Comment en déterminer les causes? Seraient-elles liées au rythme frénétique de la vie moderne? Ou doit-on, encore une fois, les rechercher au fond de nous-mêmes? Il faut admettre, en toute honnêteté, que les motivations de ce comportement de plus en plus répandu sont profondément enracinées en nous et qu'elles minent nos capacités de communication. Quoi qu'il en soit, le nœud du problème se situe dans les motivations ou l'absence de motivations, à savoir dans le manque total de stimulations en mesure de déterminer un comportement bien déterminé, correspondant ou non à la réalité.

Tous les comportements sont en effet fonction d'un but bien précis, un objectif pour lequel nous sommes prêts à sacrifier une partie, voire la totalité de notre ego. Dans la vie quotidienne, comme dans une pièce de théâtre, nous jouons souvent un rôle, et nous nous transformons en quelqu'un d'autre. Nos phrases ne correspondent pas nécessairement aux pensées que nous formulons, et nos attitudes ne répondent pas toujours à nos intentions.

Dès lors, on comprend aisément à quel point **il est important de connaître les intentions réelles de notre interlocuteur**. Une analyse rapide de son visage nous permet de percevoir sa vraie personnalité, de lire ce qui se cache derrière des paroles persuasives et une cordialité apparente.

Tout entrepreneur sait que, si l'interlocuteur est un orateur habile, on ne peut vérifier ni son honnêteté ni sa sincérité, et qu'il est alors difficile d'entamer et de mener à bien une négociation. La logique voudrait que l'on vérifie les intentions réelles de cet interlocuteur afin que l'opération ne risque pas d'échouer. Mais comment faire?

Il existe une solution à la portée de tous. Depuis bientôt une dizaine d'années, **des professionnels** de plusieurs pays

utilisent avec succès les règles de l'art physiognomonique, afin de mieux connaître la personne qui se trouve en face d'eux et de mieux comprendre ses intentions cachées. La physiognomonie est un art, car elle suppose que l'on possède un don d'observation, que l'on arrive à percer le visage de quelqu'un et à deviner la vérité de son caractère et de ses intentions derrière les apparences sous lesquelles il se cache.

Le visage de chaque individu est unique et diffère de tous les autres: aucune chirurgie esthétique n'est en mesure de camoufler les détails (notamment l'intensité du regard) qui sous-tendent les lois de l'art physiognomonique, à savoir les notions qui associent l'aspect de l'individu aux tendances fondamentales de son caractère et qui peuvent être classés schématiquement en groupes de caractères.

Il ne fait aucun doute que de telles affirmations suscitent au départ la méfiance et l'incrédulité, et qu'elles ne pourront être acceptées qu'après avoir été exposées minutieusement: c'est ce que nous nous proposons de faire tout au long de ce volume, en accompagnant le lecteur dans les méandres de la **caractérologie** et en l'aidant à assimiler les données significatives et pratiques de cette discipline. En effet, **la physiognomonie jouit à nouveau d'une estime bien méritée**, depuis qu'elle a été débarrassée de ses éléments obsolètes et peu scientifiques.

Pour parvenir à une formulation concrète et définitive de la physiognomonie, il convient de rappeler brièvement des situations manifestant le lien direct entre le corps et la psyché. Il suffit de se rappeler certaines expériences personnelles – les battements de cœur avant un examen important, l'angoisse avant le premier rendez-vous amoureux – pour se rendre compte que les altérations de l'âme peuvent toujours se lire sur le visage. En dehors de l'expérience personnelle, nous pouvons citer de nombreux autres exemples, notamment l'épouvante qui fait blanchir les cheveux, traumatisme émotif tellement fort qu'il ne peut ni être oublié par la psyché ni être effacé par le corps. On pourrait aussi citer les maladies psychiques qui s'extériorisent par de véritables maux physiques. Selon **la médecine psychosomatique**, en effet, bon nombre d'ulcères et de tachycardies proviennent de l'inconscient qui exprime ses troubles par la maladie. Quant à la **psychologie**, elle soutient que beaucoup de malaises physiques se fondent sur une condition mentale négative qui, après avoir surmonté les défenses naturelles du moi, investit l'individu et se manifeste par une pathologie clinique d'une inégale gravité.

L'observation minutieuse de l'aspect extérieur d'une personne permet de comprendre ce que cache son intimité, d'autant plus que toute expérience vécue laisse une trace indélébile en même temps qu'elle contribue à former le caractère.

La psyché, autrement dit l'esprit, **se reflète principalement sur le visage**. On parle souvent du visage ascétique de l'idéaliste, du regard lascif du bon vivant et des rides qui sont l'emblème des douleurs et des vicissitudes d'une existence tourmentée.

En partant de ces considérations générales, nous pouvons, grâce à la physiognomonie et à l'analyse des différentes composantes du visage, découvrir le véritable tempérament de nos interlocuteurs, leurs qualités et leurs défauts. Il faut souligner que ce type d'étude ne consiste pas seulement à analyser les différentes parties du visage: **il convient d'éprouver après coup la véracité de nos observations**. Nous pourrons, de cette manière, affiner nos capacités d'observation en nous entraînant quotidiennement, afin de reconnaître le tempérament de l'individu qui nous fait face, et afin de prévoir son comportement et ses réactions potentielles. Nous pourrons ainsi agir en toute occasion selon nos aspirations.

Le fait de considérer tous nos semblables comme des êtres dotés de bon sens, maîtres d'eux-mêmes, rationnels et logiques ne doit pas nous faire oublier qu'il existe des situations particulières dans lesquelles l'individu lutte désespérément pour la défense de ses intérêts idéologiques ou matériels; c'est à ce moment-là qu'il transgresse les hypocrisies et les conventions, et qu'il manifeste sa vraie personnalité. **Découvrir immédiatement le véritable tempérament d'une personne est un facteur positif de la vie sociale**.

Comme nous l'avons déjà dit, le visage porte les traces des pensées et des actions qui ont déterminé notre caractère, véritables indices de notre vie intérieure. Observer attentivement un visage permet donc de remonter à certains traits secrets du caractère et d'identifier les particularités psychiques qui s'y rattachent, sans avoir à attendre une situation passionnelle. Ceci permet, à l'occasion, de transformer un rapport de force à son propre avantage.

La physiognomonie, telle que nous la présentons à nos lecteurs, pourra se révéler utile dans plusieurs circonstances de la vie quotidienne, notamment pour orienter les rapports sociaux ou affectifs du côté des affinités harmonieuses.

L'analyse que nous faisons d'un visage concerne exclusivement le moment où nous l'observons: une évaluation correcte d'autrui nous permettra de gérer en toute tranquillité la première phase d'une relation qui pourra s'épanouir et mûrir avec le temps. L'importance de la première approche se répercutera sur l'ensemble du rapport.

La constitution

- ***Le type longiligne, le type bréviligne.***
- ***L'homme maigre.***
- ***L'homme gros.***

La première définition (spontanée) que l'on donne d'un individu se résume généralement à ceci: "Il est maigre!" ou "Il est gros!" même si la personne ne correspond pas vraiment à la "description".

Nous avons vu que le physique est le reflet exact de notre caractère et que la personnalité se révèle à travers notre aspect. Depuis l'Antiquité, la longueur est considérée comme une marque de qualité et la largeur comme un symbole de quantité. Sur la base de ces affirmations, on peut attribuer à l'homme maigre et à l'homme gros certains traits de caractère.

Le type longiligne, présentant une structure osseuse et musculaire très allongée, est un individu généralement plus porté à la réflexion qu'à l'action. On le rencontre fréquemment chez les idéalistes, les mystiques, les hommes de lettres et les philosophes.

Le type bréviligne, présentant une structure osseuse et musculaire plutôt trapue, est un individu plus porté à l'action qu'à la réflexion, ce qui le conduit à préférer la réalité aux idéaux. De ce fait, il est généralement doué pour les activités exigeant de la force et de la décision.

Bien entendu, les types que nous venons de décrire représentent les extrêmes d'une longue chaîne, comportant plusieurs intermédiaires. Comme il est impossible d'en faire une liste complète, nous nous limiterons à analyser les différentes catégories de maigres et de gros. Par ailleurs, nous estimons utile de rapporter la théorie de Gibass, qui permet de déterminer le tempérament de chaque individu: "...Lorsque la hauteur ou la longueur ont le dessus sur la largeur, c'est le jugement qui l'emporte sur l'action; lorsque la largeur ou l'épaisseur sont prédominantes, c'est le dynamisme qui l'emporte sur le sentimentalisme et les subtilités du raisonnement". Ces concepts sont connus sous le nom de *formule ou équation de Gibass*.

L'HOMME MAIGRE

Lorsqu'on rencontre un homme maigre, on a souvent l'impression qu'il a une petite santé, peut-être à cause de son visage décharné et de sa peau tendue. La maigreur peut avoir différentes causes: on peut associer chaque type de maigreur à un trait de caractère. On peut néanmoins affirmer qu'en règle générale, **le maigre est un être inadapté** et que **cela est dû à des affections organiques**.

Nous savons déjà qu'il existe un lien étroit entre le corps et la psyché: lors de l'amaigrissement, le visage, dont les différentes parties sont en rapport avec les principales fonctions physiologiques, nous révèle les facteurs qui ont contribué à en altérer les traits. Par exemple, les joues creusées témoignent d'une faiblesse de l'appareil digestif; le nez effilé indique des troubles respiratoires et les yeux enfoncés des troubles intestinaux. Mais le signe le plus fréquent chez l'individu maigre est **une ride parallèle aux arcades sourcilières**, témoignant d'un état d'excitation perpétuelle. Les caractéristiques fondamentales de l'homme maigre sont donc **la nervosité et l'inadaptation**. Puisqu'il souffre de cette situation, l'homme maigre finit par avoir toujours un comportement agité.

L'homme maigre est rarement calme et patient, ce qui ne signifie pas que son caractère soit toujours négatif. Nombre de maigres font preuve d'un enthousiasme et d'une joie excessifs pour une personne équilibrée: ces attitudes ne sont qu'une mystification, un masque dont ils se revêtent pour vaincre leur solitude intérieure.

L'homme maigre, de tempérament très sensible, a été modelé par la souffrance: il éprouve donc un besoin démesuré d'affection, de sympathie et de chaleur et, recherchant la gratification, il se camoufle continuellement.

Après une première phase d'hyperexubérance, il finit par devenir égoïste, hargneux et tyrannique; il n'accepte ni les contradictions ni les contrariétés. Ceci explique ses réactions violentes ou brusques et sa grande dépense d'énergie nerveuse, qui le surmènent sans augmenter pour autant sa puissance de travail. Généralement, **le maigre est un individu introverti**, porté à la réflexion: ceci l'incite à rechercher continuellement de nouveaux buts dans sa vie professionnelle ou affective. Son impulsivité le rend extrêmement susceptible: il faut donc le traiter avec gentillesse et diplomatie, en tenant compte de son inquiétude et de ses tourments intérieurs, dus à un profond manque d'équilibre.

Lorsque le sujet maigre est vexé, il se complaît dans sa douleur et refuse, par amour-propre, de faire le premier pas vers la réconciliation, même si c'est ce qu'il désire le plus au monde.

Les individus maigres peuvent être classés en deux catégories: les apathiques et les excités.

Le maigre apathique

Les **principaux traits** de son visage sont les suivants:
- pâleur;
- lèvres fines, aux extrémités recourbées vers le bas;
- nez effilé et étroit;
- menton pointu.

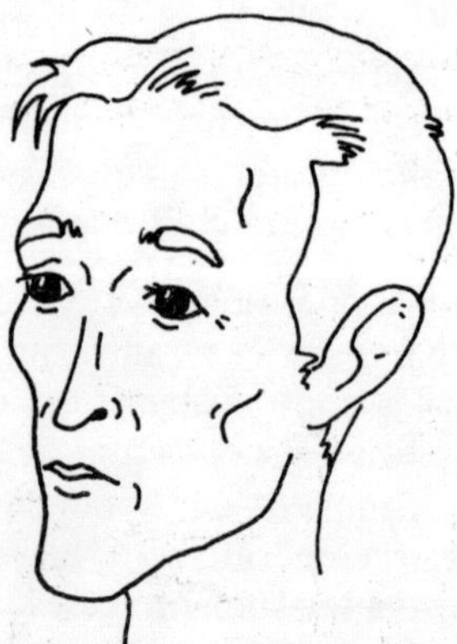

Son **expression** est **mélancolique**, son regard triste et son **attitude languissante**. Il a un **tempérament pessimiste**, il est toujours découragé et plein de doutes, d'obsessions, victime d'un sentiment de culpabilité.

Malgré sa dépression physique et psychique, il peut soudain réagir de façon vive et joyeuse, sans toutefois perdre son excessive nervosité. Ses décisions sont capricieuses et impulsives, dictées dans un certain sens par le désespoir.

Il a un **esprit défaitiste**, mais il est prêt à défendre certaines de ses opinions jusqu'au bout. Il aspire à la valorisation de son moi et recherche continuellement la protection et la sympathie des autres, même s'il est fier de son indépendance. Tout en cultivant la solitude, il se révèle un compagnon fidèle.

Le maigre excité

Les **principaux traits** de son visage sont les suivants:
- teint jaunâtre;
- lèvres mobiles, souvent secouées par des tics et profondément marquées aux commissures;
- nez fin et étroit;
- joues creusées, sillonnées de rides transversales;
- menton pointu.

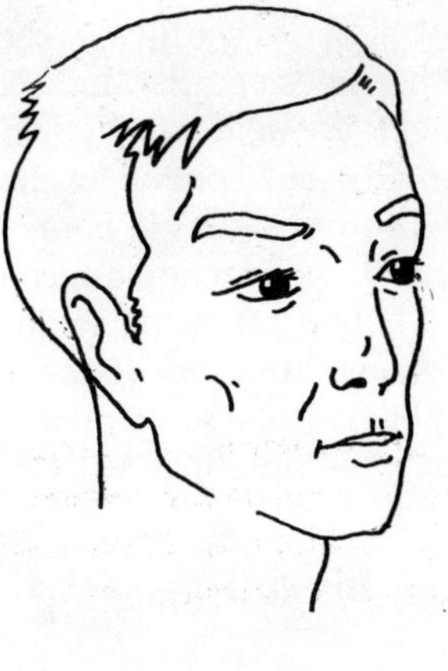

Son visage se caractérise par un **regard lumineux et vif**. Il a un **tempérament impulsif** et il traverse des périodes d'agitation excessive, qui sont suivies de profondes dépressions. Instable et volubile, il fait preuve, même dans sa vie affective, d'une exubérance démesurée.

Il refuse son milieu et essaie continuellement d'en sortir, ou d'en être le pôle d'attraction. Cela l'incite à se lancer dans de nombreuses entreprises qui échouent presque toujours. Son ambition le pousse à rechercher sans cesse de nouveaux éléments susceptibles de pallier son manque d'assurance: il est profondément troublé par un conflit intérieur constant.

Doué d'une intelligence brillante et d'une imagination débordante, le maigre excité réussit tout particulièrement dans les disciplines artistiques.

L'HOMME GROS

Il est scientifiquement démontré que l'**obésité est due à des causes pathologiques**. A l'origine d'un appétit démesuré, on trouve généralement des conflits psychologiques non résolus ou des traumatismes émotifs. Le désir de manger exprime généralement un manque d'affection. Son assouvissement agit sur la psyché comme un calmant ou un tranquillisant: l'individu trouve dans la bonne cuisine (ou dans l'alcool) une source de satisfaction qui comble les carences de son ego. En d'autres termes, **l'homme gros** charge la sphère orale d'assouvir tous ses désirs: il **mange pour se consoler**, pour oublier, pour se calmer, pour trouver une identité perdue et pour simplifier ses pensées.

Selon les études effectuées ces vingt dernières années, il n'y a pas d'influence directe du poids sur l'intelligence. Le quotient intellectuel et les particularités du caractère, propres au type gros, ne semblent pas s'écarter de la normalité. Il est toutefois utile de connaître les comportements de la sphère affective de l'obèse, à savoir son tempérament, son humeur et ses états d'âme, ainsi que toutes les manifestations qui s'y rapportent et qui influencent directement ses rapports avec les autres.

Beaumont écrit que **l'obèse, quand il est jeune est enclin à la dépression** et que sa mélancolie débouche parfois sur certaines formes d'hypocondrie et de rébellion. Ces comportements sont dus au complexe d'infériorité dont il souffre en jouant avec ses camarades et aux moqueries dont il est continuellement l'objet. Chez les adolescents, ce sentiment d'infériorité est généralement provoqué par l'incapacité d'instaurer des rapports avec le sexe opposé, autrement dit par une sorte de blocage dans la vie sociale.

Beaumont souligne également que **l'adulte obèse**, tout en se sentant différent des autres, **se comporte comme un être satisfait de lui-même**, avec une vision optimiste de la vie et du monde. Ce qui avilit l'adolescent se transforme, chez la personne mûre, en un prétexte pour éviter tout engagement ou responsabilité et pour vivre dans une sorte de monde à part, où dominent la complaisance et la jouissance.

L'individu obèse, dont l'émotivité est très superficielle, est généralement **expansif et loquace**, tolérant et débonnaire, enclin à la joie et à l'hilarité, à la tendresse et à l'émotion. Il se caractérise par un infantilisme latent, qui le pousse à craindre exagérément la douleur physique.

Rares sont les obèses impulsifs et colériques. Ceux qui le sont ne trahissent pas leur tempérament: ils ont en effet tendance à réagir avec violence dès qu'ils s'aperçoivent que leur tranquillité est en danger.

Les individus obèses peuvent être classés en trois catégories: les pléthoriques, les nerveux et les pâles.

L'obèse pléthorique

Les **principaux traits** de cet individu sont les suivants:
- teint sain et bien portant;
- lèvres charnues, portées au rire;
- nez large au niveau des narines;
- paupières inférieures nettement remontantes, yeux rieurs;
- sourcils arqués et placés très haut.

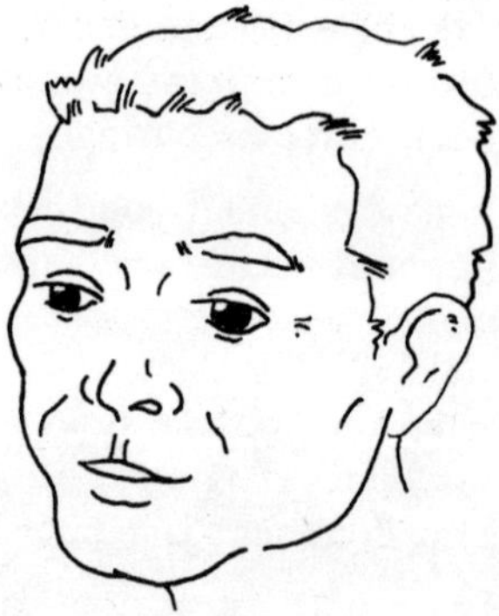

Le visage exprime l'euphorie et l'optimisme, dus à une conscience exacte de ses propres forces.

L'obèse pléthorique est **sociable et généreux**. Dans ses rapports avec les autres, il fait preuve d'une sorte de condescendance dont il faut se méfier: il s'agit en effet d'une règle conventionnelle qu'il a mise au point pour prévenir d'éventuels conflits, et qui cache un égoïsme profond et une paresse proverbiale.

Lorsque vous êtes avec un obèse pléthorique, secondez-le en toute occasion: ne le contrariez jamais et, surtout, ne faites jamais allusion à sa constitution!

L'obèse nerveux

Les **principaux traits** de cet individu sont les suivants:
- taille inférieure à la moyenne;
- musculature athlétique non apparente;
- chevelure épaisse;
- lèvre inférieure plus charnue que la lèvre supérieure;
- regard sévère;
- présence de rides au coin des yeux et à la naissance des sourcils, se contractant systématiquement et dévoilant une tension constante.

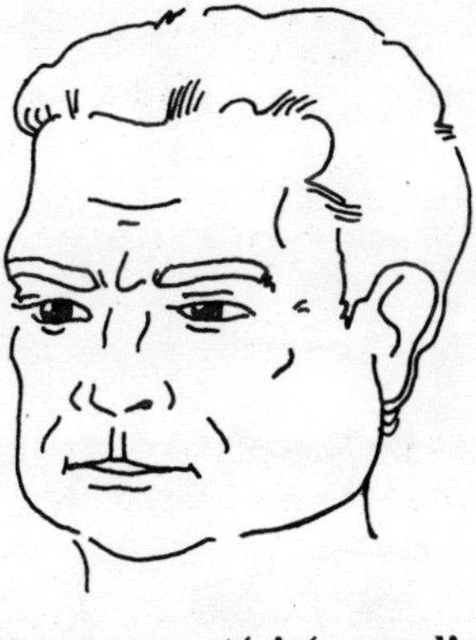

Son tempérament est **caractérisé par l'optimisme** et la bonne humeur auxquels se mêlent l'agressivité, l'impulsivité et l'irascibilité. L'obèse nerveux, avec son anxiété et sa fureur de vivre, est un **lutteur indomptable**: cette caractéristique fait de lui un objet d'admiration. Il préfère les sensations aux abstractions, et les désirs sont essentiellement concrets. Sa vanité, souvent dissimulée par sa cordialité, le pousse à rechercher constamment **le pouvoir et le prestige, la richesse et le succès**. Cela explique sa faculté à gérer toutes les situations, surtout dans sa vie professionnelle où il occupe toujours des postes importants.

L'obèse nerveux a une prédilection pour les situations complexes, où son impétuosité lui permet de se défouler et de dompter les autres. Il est en effet pourvu d'un égoïsme secret mais profond, dont les effets sont toutefois atténués par sa généreuse loyauté.

L'obèse pâle

Les **principaux traits** de cet individu sont les suivants:

- visage flasque;
- teint pâle;
- cheveux roux;
- large mâchoire;
- double ou triple menton;
- yeux généralement bleus, regard vide.

Son caractère est **calme**, indolent, passif et craintif: il a rarement des réactions impulsives. Dans les situations les plus inextricables, il arrive à conserver son sang-froid, ce qui lui permet toujours de prendre les bonnes décisions. L'obèse pâle **sait dominer ses émotions et ses sentiments**: c'est la caractéristique d'un tempérament conciliant mais incapable de s'imposer.

Ce type d'obèse cache en effet un être apathique, un être qui se laisse vivre. Il justifie ainsi son incapacité à formuler des idées nouvelles et brillantes ou à proposer des solutions géniales. Il est particulièrement doué pour les activités qui exigent une observation minutieuse et une application méthodique. Sur le plan sentimental, il fait preuve d'une très grande passivité.

Ces indications de base sur la constitution se révéleront utiles lors de l'étude des éléments somatiques individuels dans la mesure où ils nous permettront de mieux comprendre nos interlocuteurs.
Nous vous conseillons, d'ores et déjà, d'insérer la personne qui vous fait face dans une des catégories décrites et d'essayer de deviner son tempérament par le biais de la *formule de Gibass*.

Tempérament et teint

- ***Le tempérament se révèle particulièrement par le teint.***
- ***Le tempérament sanguin.***
- ***Le tempérament bilieux.***
- ***Le tempérament flegmatique.***
- ***Le tempérament mélancolique.***
- ***Quelques informations sur la peau.***

Avant de décrire le visage, objet principal de l'analyse physiognomonique, nous estimons utile de nous arrêter brièvement sur l'élément qui, après la constitution physique, attire le plus le regard: **le teint**. Celui-ci, contrairement à la couleur de la peau, propre à chaque race, **reflète le bien-être ou le malaise** organique et psychique **d'une personne** à un moment donné.

Il est maintenant prouvé que **les réactions d'un individu aux stimulations internes et externes sont déterminées par son tempérament**. Ainsi, la colère rend parfois le teint violet; la peur fait pâlir; la honte fait rougir. Ces variations soudaines du teint indiquent un caractère émotif et nous permettent d'approfondir la connaissance de notre interlocuteur.

Nous savons cependant qu'il s'agit d'un effet transitoire, disparaissant avec sa cause. Pour être plus efficace, notre analyse devra donc se fonder sur le teint.

L'étude de ce facteur a permis de relever un lien étroit avec le tempérament. Dès l'Antiquité, les individus ont été classés en quatre grands groupes. Les descriptions que nous donnerons ont été élaborées au XIIe siècle par l'**Ecole de Salerne** et restent encore valables de nos jours. Afin d'en faciliter la lecture, nous avons ajouté à ces fragments de brefs commentaires.

LE TEMPERAMENT SANGUIN

Voici la description de l'Ecole de Salerne: "Les sanguins sont par nature rubiconds et joviaux, toujours à la recherche de conversations amusantes. Ils apprécient le vin et l'amour, la gaieté et les festins, qui les rendent hilares et agréablement loquaces. Ils sont doués pour toutes les

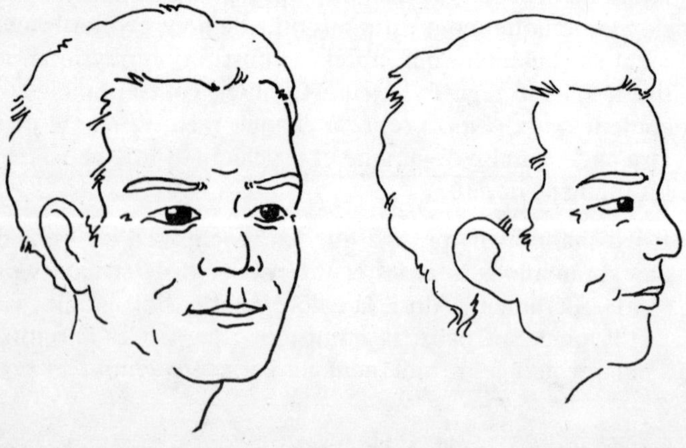

tâches et réussissent toujours. Ils se laissent rarement gagner par la colère. L'individu sanguin est généreux, affectueux, joyeux, rieur, rouge de teint, potelé, entreprenant et tolérant".

Généralement, **le sanguin est robuste et pourvu d'une musculature solide. De tempérament superficiel**, il est actif, entreprenant et doté d'un grand sens pratique.

Cet individu est également **sensuel et vaniteux**. Ses idées sont empreintes d'une grande tolérance.

LE TEMPERAMENT BILIEUX (OU COLERIQUE)

Voici la description de l'Ecole de Salerne: "Les bilieux ont un caractère impétueux, parfois furieux, et ils veulent toujours en faire plus que les autres. Ils apprennent avec facilité, ils mangent beaucoup, ils grandissent vite. Ils sont généreux, libéraux, ambitieux, bourrus, menteurs, colériques, audacieux, prodigues et malins. Ils ont un physique svelte et sec, un teint jaunâtre".

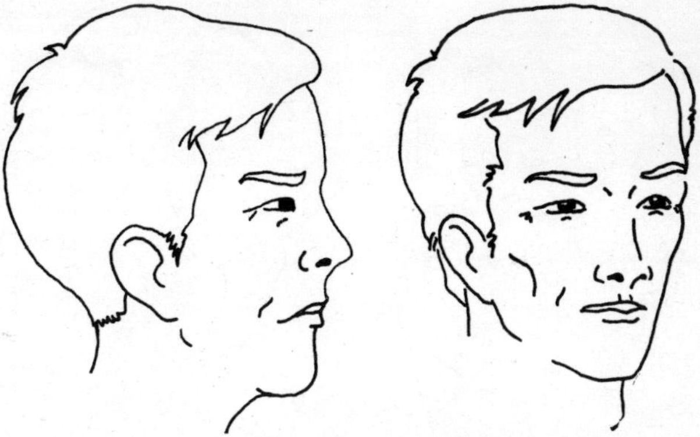

Contrairement aux sanguins, les bilieux sont **minces** et ont un **port rigide**. Ce sont des sujets énergiques, actifs et aimant la vie.

Leur caractère est un mélange d'**orgueil**, de **condescendance**, d'**ambition** et d'**intransigeance**, qui les pousse à avoir une confiance démesurée dans leurs capacités. Prêts à s'enflammer à la moindre provocation, les colériques se montrent plus conciliants avec ceux qui leur font face.

LE TEMPERAMENT FLEGMATIQUE (OU LYMPHATIQUE)

Voici la description de l'Ecole de Salerne: "Ceux qui ont un tempérament flegmatique sont caractérisés par des membres courts et trapus, un manque de force et de sang, une tendance à l'embonpoint. Ils préfèrent l'oisivité au travail. Ils paressent volontiers au lit. Ils sont lents, rêveurs. Leurs sens sont peu éveillés. Ils ont le visage grassouillet et le teint blafard".

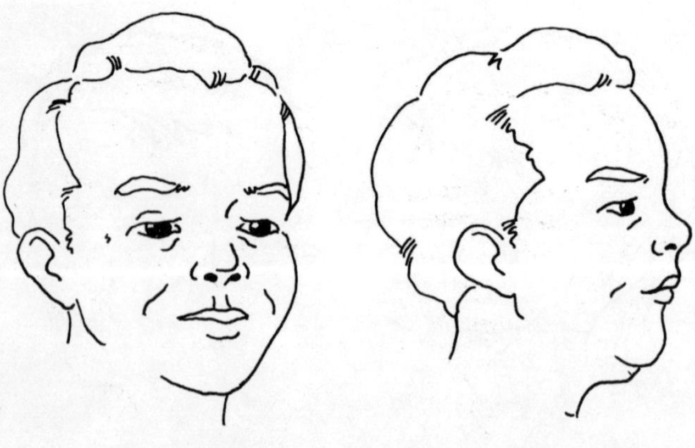

Si les deux tempéraments précédents peuvent être considérés comme positifs, le flegmatique possède en revanche des caractéristiques négatives: **plutôt gras** et dépourvu d'énergie (même psychique), **cet individu est porté à la paresse**. Il a un caractère froid et imperturbable, dénotant une **tendance à l'apathie**. Toutes ses attitudes sont marquées par la passivité.

LE TEMPERAMENT MELANCOLIQUE (OU HYPOCONDRIAQUE)

Voici la description de l'Ecole de Salerne: "Il ne nous reste plus qu'à tracer le triste portrait de l'hypocondriaque: méchant, sombre et taciturne. Les hypocondriaques s'activent beaucoup et sont peu enclins au repos. Ils sont tenaces en paroles, mais ils ont peur de tout. Ils sont envieux, de mauvaise humeur, lubriques, avares, malhonnêtes, timides, et leur teint est jaunâtre".

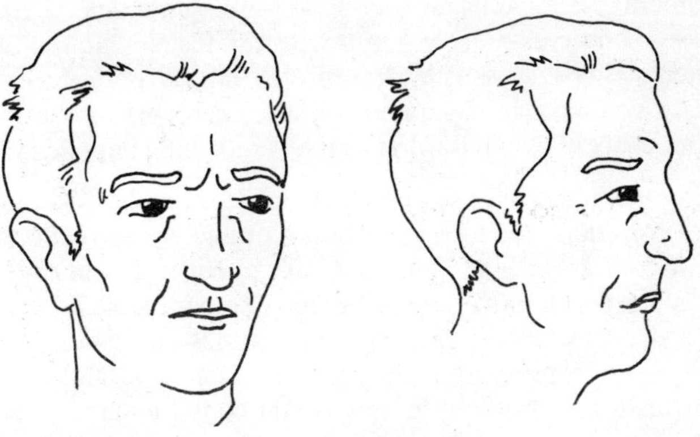

La description de l'Ecole de Salerne n'est pas exhaustive. Dans l'Antiquité, en effet, la médecine englobait sous le terme de *mélancolie* plusieurs traits de caractère, dont l'hypocondrie, qui est plutôt un symptôme de névrose. **La définition du mélancolique est beaucoup plus large que celle de l'hypocondriaque**. L'hypocondriaque est une personne qui s'occupe excessivement de sa santé. Le mélancolique a tendance à être courbé, les épaules inclinées vers l'avant, et il se caractérise par ses gestes toujours hésitants. Cet individu **aime se prélasser dans sa propre tristesse**, en ne contemplant que les aspects négatifs de la vie. Son comportement, plein d'hésitations et de doutes, doit être considéré comme négatif, malgré l'intelligence du sujet et la séduction qu'il peut exercer sur son entourage.

QUELQUES INFORMATIONS SUR LA PEAU

Nous avons vu que le teint permet de déterminer l'appartenance de l'individu à telle ou telle catégorie, en fonction des influences directes du sang, de la bile, de la lymphe ou des nerfs (éléments exclusivement physiques) sur le tempérament. Néanmoins, si l'art de la physiognomonie se limitait à observer la constitution, le teint et les autres éléments physiques sans les interpréter, il pourrait être considéré comme une discipline gratuite, une sorte de jeu où tout est confié au hasard et rien à l'étude ou à l'application.

Comme nous l'avons déjà fait remarquer, la physiognomonie considère que tous les détails n'ont de valeur réelle que s'ils sont associés à d'autres détails et s'ils forment un ensemble permettant d'identifier un tempérament de base. En d'autres termes, les données fournies par chaque trait physique représentent les pièces d'une mosaïque, les lettres qui composent le mot clé du code humain.

Il convient donc de s'arrêter brièvement sur la peau qui peut nous fournir, par les nuances subtiles de sa pigmentation, des informations supplémentaires sur le caractère d'une personne.

- *Peau rouge*: sensibilité, susceptibilité, dépendance et introversion.

- *Peau tendant au rouge*: sensualité, générosité, irritabilité, caractère passionné, condescendance, orgueil et incohérence.

- *Peau blanche*: indécision, paresse, manque d'assurance, incohérence, apathie et indolence.

- *Peau diaphane*: caractère passionné et affectueux, équilibre, romantisme et impulsivité.

- *Peau jaunâtre*: irritabilité, pessimisme, jalousie, égoïsme, méfiance, obstination et autorité.

- *Peau brune*: gaieté, astuce, audace, caractère passionné, exaltation, vivacité et intolérance.

> Vous avez eu un aperçu de ce que l'art physiognomonique peut apporter à ses disciples. Beaucoup d'éléments sont encore nécessaires avant de pouvoir formuler une description valable des caractères. Dans le prochain chapitre, nous exposerons les méthodologies de lecture du visage. Ces rudiments vous permettront ensuite d'ordonner les pièces de la mosaïque qui forment le caractère d'une personne.

Comment lire un visage

• Il n'est pas facile de lire un visage. Quelques suggestions.

• Certains éléments peuvent induire en erreur:
– la beauté;
– la laideur;
– la maladie;
– les traits accidentels;
– l'influence des modes.

Le langage du visage, comme les autres idiomes, doit être appris progressivement. Il ne suffit pas, en effet, de feuilleter un livre et de regarder ensuite le visage de son interlocuteur pour parvenir à formuler un jugement sur son caractère. Les principes que nous exposons dans cet ouvrage doivent être étudiés de façon méthodique et assimilés longuement de façon que les traits du visage nous inspirent immédiatement des analogies avec le caractère.

Heureusement, le contact quotidien avec d'autres personnes facilite cet apprentissage et nous permet de vérifier au fur et à mesure le niveau de nos connaissances.

Essayez donc de profiter de toutes les circonstances de la vie quotidienne pour enrichir votre bagage de connaissances: dans le bus, au café, au bureau... Appliquez, jour après jour, ces principes qui associent les éléments physiques aux états psychiques. Commencez par les sujets que vous connaissez depuis longtemps, et comparez les idées que vous avez de ces personnes avec les résultats de votre étude physiognomonique.

Pour ne pas gêner votre interlocuteur, (se sentant observé, il pourrait être mal à l'aise, changer d'expression et perdre ainsi ses traits naturels, ce qui fausserait votre analyse), **nous vous conseillons de commencer par vérifier les théories physiognomoniques sur votre propre visage**. Il vous suffit pour cela de vous regarder dans un miroir, de repérer les significations psychologiques de chaque partie de votre visage et de vérifier leur exactitude, – en mettant de côté tout amour-propre. **Si vous avez le courage d'exclure toute participation émotive** et de vous comporter comme si vous étiez en train d'observer un étranger, vous découvrirez que votre visage est différent de celui que vous voyez tous les jours en vous coiffant ou en vous rasant. En d'autres termes, **vous vous sentirez différent**. Mais vous aurez une connaissance vraie de vous-même.

Appliquez-vous à étudier votre visage: les résultats que vous obtiendrez (ou plutôt les surprises que vous aurez) vous seront sûrement utiles pour déterminer et enrichir votre véritable personnalité.

Toujours pour éviter les problèmes de l'observation directe, vous pouvez **analyser la photo d'une personne dont vous êtes sûr de connaître les particularités du caractère**: une observation tranquille et prolongée vous permettra de trouver plus facilement la signification de chaque trait et de mieux formuler votre jugement.

Après ces exercices d'entraînement, qui n'ont d'autre but que d'assimiler la signification de chaque élément physique, nous vous conseillons d'**effectuer la première analyse directe sur des sujets présentant des traits significatifs**: le nez, la bouche ou la forme du visage sont les parties les plus abordables pour le débutant. N'oubliez pas qu'il est indispensable de posséder le plus grand nombre possible de détails pour pouvoir deviner le tempérament d'une personne dans ses grandes lignes. **Il est** même **conseillé** de ne pas s'arrêter aux détails mal définis et pouvant prêter à confusion, et **de concentrer son attention sur les éléments probants d'un visage**. En les étudiant minutieusement, vous obtiendrez un portrait plus exact que si vous aviez analysé une infinité de détails flous.

Il n'en demeure pas moins que, pour arriver à maîtriser complètement l'art physiognomonique, il vous faudra une période d'entraînement dont la durée variera en fonction de votre constance. Ce n'est qu'en vous exerçant de façon continue que vous pourrez associer automatiquement les traits du visage à leurs significations psychologiques. Il existe toutefois des **éléments pouvant induire en erreur** la personne qui étudie la physiognomonie. Il s'agit essentiellement de la beauté, de la laideur, de la maladie, des traits accidentels et de l'influence des modes.

LA BEAUTE

C'est sans doute la cause la plus fréquente de méprises, dans la mesure où **elle réduit sensiblement le sens critique de l'observateur!** Un beau visage, c'est comme une promesse de belles qualités morales. La beauté nous séduit et nous abuse. La perception de la personne et, par là-même, l'analyse du caractère peuvent en être faussés.

Nombre de personnes croient en effet que les qualités physiques peuvent pallier une carence de sentiment ou d'intelligence. **La beauté incite l'individu à être paresseux, insolent, vaniteux, superficiel et capricieux**. Pour formuler une analyse fiable, il faut surmonter sa première impression: **ne pas se laisser entraîner par la séduction qu'exerce sur quiconque un beau visage**.

LA LAIDEUR

La laideur apparaît souvent comme une monstruosité, comme une tare. Mais, d'un point de vue physiognomonique, **le préjugé ne doit pas peser sur l'analyse**.

Lorsque l'on observe un visage laid, il faut toujours tenir compte de la notion psychanalytique de *compensation psychique*: l'individu a tendance à compenser un défaut esthétique par une supériorité dans un autre domaine. Ce désir de compensation se manifeste par une certaine **condescendance**, par l'**égoïsme** et l'**entêtement**, des traits qui, ajoutés à certaines particularités du visage, permettent de formuler un jugement impartial sur le caractère.

LA MALADIE

Le visage d'une personne souffrante doit toujours inciter à la prudence. L'impression d'austérité, de rigidité, voire de méchanceté, qui en émane, n'exprime que l'**état psychologique du malade**: sa capacité de **concentration**, d'**introspection**, de **méditation**. En fait la maladie renforce, parfois durablement, la sensibilité et l'intelligence de l'individu.

LES TRAITS ACCIDENTELS

On aurait tort de se fier à une première impression pour analyser un visage. Parfois, l'expression est influencée par un sentiment ou un état passager. Parmi les causes les plus fréquentes, signalons: **la faim, la soif, le froid, la chaleur, l'exposition au soleil, les conditions de travail** et tous les facteurs qui, de nos jours, influent négativement sur notre physique ou notre psyché. Ces agents, qui n'ont pas toujours une incidence directe sur notre caractère, peuvent provoquer des rides, des contractions, des relâchements musculaires et d'autres expressions fugitives que l'observateur devra distinguer des éléments permanents de la physiognomonie.

L'INFLUENCE DES MODES

Le dernier facteur pouvant fausser l'interprétation physiognomonique se situe dans les "camouflages", qui sont souvent fonction de la mode. **Le maquillage, la coiffure**, la couleur et la coupe des cheveux, **la forme de la barbe et des moustaches** sont, à l'instar des accessoires (comme les chapeaux et les foulards, les cravates et les colliers) des éléments dont le choix doit être attribué au sujet, mais qui ne doivent pas altérer l'évaluation des véritables signes physiognomoniques.

Quelqu'un qui suit la mode à la lettre se trahit immédiatement comme une personne conformiste. Son seul souci est de ne jamais contredire les règles du comportement général. Ce genre d'individu est souvent incapable de formuler une opinion originale et ne juge son prochain qu'à travers les lieux communs. C'est le type que vous rencontrerez le plus fréquemment et qui ne pourra vous procurer aucune gratification.

L'art physiognomonique ne se limite pas à l'observation des traits du visage et à leur interprétation. Depuis l'Antiquité, l'analyse du visage s'accompagne de l'analyse des mimiques, du regard, du sourire, du rire et de la voix. Ces éléments sont étudiés dans l'appendice de cet ouvrage.

Le visage

- ***Le visage peut être subdivisé en trois parties, correspondant aux facultés de l'intellect (front), à l'émotivité et au sentiment (yeux et nez) et aux instincts animaux (menton).***

- ***D'un point de vue géométrique, les visages sont regroupés en six types fondamentaux:***
  - ***triangulaire;***
  - ***conoïde;***
  - ***carré;***
  - ***rectangulaire;***
  - ***rond;***
  - ***ovale.***

Jusqu'à présent, nous ne distinguons dans la foule que certains signes particuliers: des oreilles en feuilles de chou ou au contraire complètement collées au crâne, un nez à la Cyrano ou avec une pointe crochue... Notre attention était attirée par les éléments difformes et exceptionnels. L'art physiognomonique nous a appris que, pour connaître le caractère des personnes, il fallait observer tous les sujets, les plus banals, les plus communs, avec la même attention.

La physiognomonie, se fondant sur la géométrie classe les visages en six types fondamentaux:

- **triangulaire;**
- **conoïde;**
- **carré;**
- **rectangulaire;**
- **rond;**
- **ovale.**

Avant d'aborder chaque type séparément, il convient de s'arrêter sur la segmentation idéaliste du visage. Le visage peut être subdivisé en trois parties.

• *La partie supérieure*, ou zone du front, s'étend de la naissance des cheveux jusqu'à la racine du nez et **correspond aux facultés de l'intellect**.

• *La partie centrale*, ou zone du nez, s'étend de la racine jusqu'à la base du nez et **correspond à l'émotivité et au sentiment**.

• *La partie inférieure*, ou zone du menton, s'étend de la base du nez jusqu'à la pointe du menton, et **correspond aux instincts animaux**.

Chaque zone peut être considérée séparément, en fonction de son développement horizontal ou vertical. Le développement vertical (ou hauteur) indique une propension à la chaleur, à la subtilité et aux multiples manifestations de l'intelligence, des émotions ou des instincts (selon la zone examinée), alors que le développement horizontal (ou largeur) exprime la force.

Dans l'art physiognomonique, **la zone centrale du visage joue un rôle fondamental**. En effet, la sensibilité et les émotions sont les fondements de notre comportement. Un exemple: nous ne sommes attirés par une certaine discipline que dans la mesure où nous la “sentons”. Un excès de sensibilité peut néanmoins nous rendre immodérément passif: le développement de la sensibilité doit par conséquent être compensé par celui de l’intelligence et de l’instinct.

Pour analyser le caractère d’un individu, **il faudra** donc **observer attentivement la forme de son visage et les proportions des différentes parties**. Si l’une d’entre elles prévaut sur les autres, les facultés liées à cette zone seront particulièrement développées; c’est le signe d’un certain déséquilibre intérieur.

Per exemple:

- si la zone inférieure est plus développée que les autres, il y aura prédominance des éléments instinctifs;
- si la zone supérieure est plus développée, il y aura prépondérance des facultés mentales.

En conclusion, **un faible développement de la partie centrale du visage**, considérée comme le cœur de la personnalité, **indique un individu aboulique**, apathique et paresseux, alors que son développement excessif peut caractériser une sorte d’hypersensibilité.

Lorsque la partie centrale est bien proportionnée, les défauts des autres zones **sont moindres** et les qualités plus grandes. Il s’agit là d’un élément très important, car il permet de mesurer aussi bien les facultés instinctives que les facultés intellectuelles.

Il convient de souligner qu’en règle générale, un visage anguleux dénote l’énergie, le discernement et la constance, alors qu’un visage tout en courbes annonce l’imagination, la sensibilité et la douceur.

VISAGE TRIANGULAIRE

Il s'agit d'un **visage inscrit dans un triangle dont le sommet correspond au menton**. La largeur du front l'emporte sur celle de la mâchoire, et la structure générale est anguleuse. Ce type de visage indique que les fonctions cérébrales sont plus importantes que les fonctions instinctives. Plus le menton est pointu, plus il y a déséquilibre entre l'intellect et l'intuition. Le sujet est émotif et son humeur est instable.

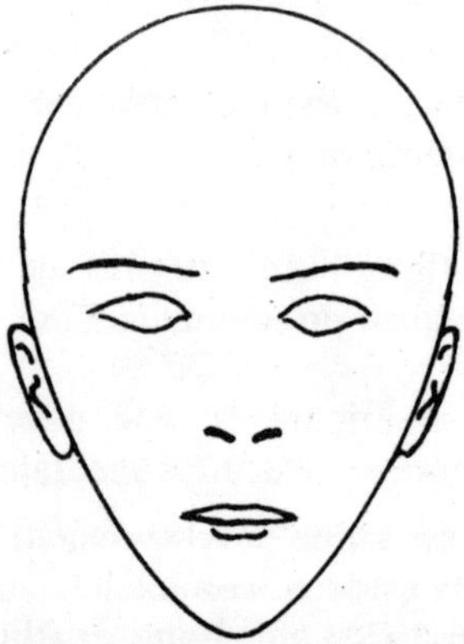

Compte tenu de la règle qui identifie les angles à l'énergie et au raisonnement, nous pouvons définir ce visage comme celui d'une **personne nerveuse et impatiente**, souvent portée à des accès de colère. Si le visage a la forme d'un triangle isocèle très allongé, le sujet aura tendance a refuser les choses matérielles. L'esprit, en effet, n'accepte pas le joug de la matière, et il essaie continuellement, mais vainement, d'y échapper. D'où les **contradictions** et les **conflits** sans fin dans lesquels se débat le sujet. L'ampleur du front porte à croire qu'il s'agit d'un individu intelligent et rationnel; en réalité, le bon sens lui fait défaut.

L'esprit subtil et intuitif de cet individu lui permet d'assimiler facilement n'importe quelle notion. Malheureusement, son intelligence, plus imitative que créative, est utilisée de façon désordonnée: elle est perturbée par l'instabilité émotive. Le sujet, **malgré sa capacité de jugement et sa grande curiosité, est plus enclin à l'élaboration intellectuelle qu'à l'action**. Il est doué d'une imagination excessive qui le conduit à considérer comme acquis ce qui n'est pas encore réalisé. En d'autres termes, il s'agit de quelqu'un qui confond constamment le rêve et la réalité, ce dont il est d'ailleurs conscient.

Ce type d'individu est foncièrement **pessimiste**. Il a tendance à fouiller continuellement au plus profond de lui-même pour trouver des justifications à son comportement. Il traverse des moments d'activité frénétique, qui sont suivis de crises d'aboulie. La persévérance lui fait défaut et ses initiatives sont vouées à l'échec: au fil des ans, toutes ses actions finissent par tourner court à cause de sa méfiance et de son manque de ténacité.

Dans les rapports sociaux, cet individu peut se montrer très cordial. Mieux vaut, toutefois, se méfier de cet aspect de sa personnalité: à la première occasion, sa vraie nature va ressortir: irritabilité, susceptibilité, arrogance et cruauté.

Dans les relations sentimentales, en revanche, son comportement est doux et courtois. Mais son extrême volubilité le rend incapable de sentiments profonds et durables.

VISAGE CONOÏDE

Ce visage, en forme de poire, est caractérisé par une mâchoire très large. Chez ce sujet, **les facultés instinctives l'emportent sur les qualités intellectuelles**. Le front a l'air plus petit qu'il ne l'est en réalité: il s'élargit de la naissance des cheveux jusqu'aux oreilles; cette dilatation influe sur tout le visage et modifie la perception que l'on peut avoir de l'ensemble du visage. L'individu au visage conoïde est généralement un obèse, pâle, dont les caractéristiques psychologiques sont décrites dans le chapitre sur la constitution. Il s'agit d'un sujet dont le visage reflète un profond matérialisme, un **attachement sincère au réel et au concret**. La partie inférieure du visage, liée à l'instinct, prévaut sur les autres: l'intelligence est donc peu développée, même si le sujet, par vanité, aime étaler sa culture.

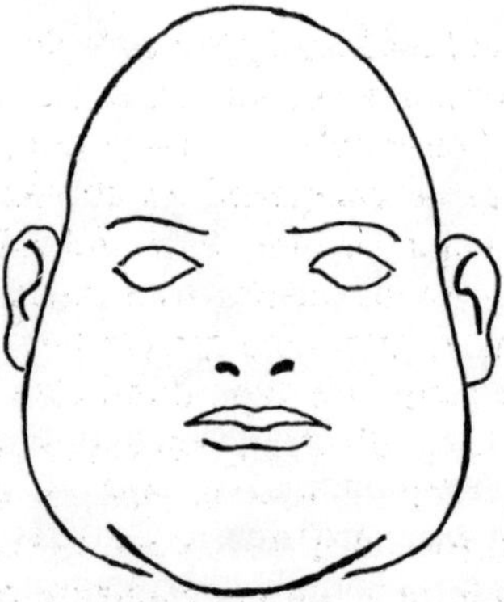

Ce sujet sait exploiter à merveille son **talent de diplomate**, que ce soit pour dissimuler sa ruse proverbiale, symptôme d'une lâcheté innée, ou pour atténuer des problèmes émotionnels pouvant nuire à ses projets. En effet, son manque d'imagination et son faible niveau intellectuel le mettent souvent en difficulté quand il est devant quelque chose qu'il ne connaît pas ou qu'il ne sait pas interpréter.

Vaniteux, il fait montre d'exhibitionnisme, d'arrivisme, de cupidité et ne vit qu'en fonction de son ego. Mais sous ces apparences, se cache un être **aboulique, indécis et faible** qui ne s'implique jamais dans les situations.

Dans les rapports amicaux, il se comporte comme dans les affaires: son caractère jovial et courtois cache le **calcul**, la **ruse** et le **bon sens**. Très conservateur, il essaie d'éviter toute nouveauté: c'est pourquoi sa vie affective est caractérisée par le train-train morne et grisâtre, loin des passions et des émotions fortes.

VISAGE CARRE

La largeur du front est identique à celle de la mâchoire, et les dimensions horizontales sont identiques aux dimensions verticales. Dans l'ensemble, ce visage donne une impression de **solidité** et de **compacité**, symbolisant l'**énergie** et l'**obstination**. Il s'agit en effet d'un individu dont les facultés morales et intellectuelles sont parfaitement équilibrées avec l'instinct. D'où une grande fermeté et un tempérament de décideur. Ce type d'individu n'attribue aucune valeur aux idées d'autrui. Son assurance le conduit à rejeter toute opinion et tout conseil. Il en résulte des conséquences parfois fâcheuses pour l'évolution personnelle du sujet: la fermeté de son caractère peut tourner en entêtement et en dureté.

Parce qu'elle n'admet aucune pensée en dehors des siennes, cette personne **traverse des périodes d'introversion** et de masochisme, suivies de tendances à l'exaltation de soi et à la suffisance. Sa sévérité dégénère souvent en **intransigeance**: il finit par se comporter comme un dictateur, avec brutalité, ses aspirations n'étant pas toujours soutenues par une brillante intelligence. Ce type d'individu fuit l'idéalisme et les activités mentales: toute son énergie est dirigée vers des buts pratiques et tangibles.

Son esprit méthodique lui permet de réussir dans toutes les activités exigeant **méticulosité et opiniâtreté**. Toutes ses actions et pensées sont conduites avec un esprit de continuité. Il n'a pas de grandes facultés de raisonnement, mais il les exerce continûment.

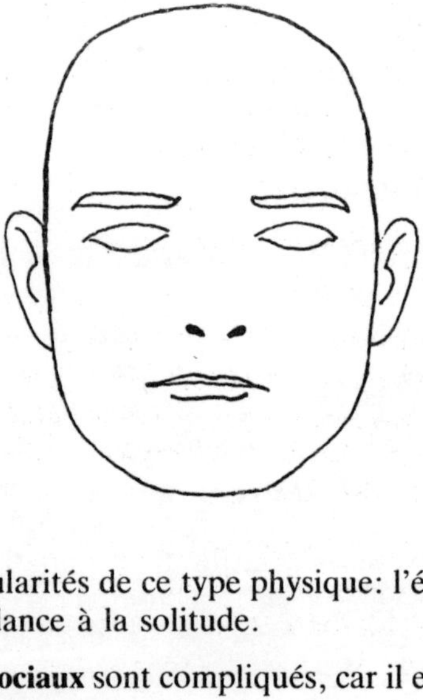

Autres particularités de ce type physique: l'égoïsme, l'avarice et la tendance à la solitude.

Ses **rapports sociaux** sont compliqués, car il est trop intransigeant. Et, si son partenaire n'accepte pas ses idées sans riposter, il s'expose à de terribles **accès de colère**.

VISAGE RECTANGULAIRE

Ce visage est **une variante du visage carré**, mais, plus allongé, il a une autre valeur physiognomonique, selon l'équation *hauteur=qualité*. Ce type de visage est signe de **hautes qualités intellectuelles, émotives et physiques**.

Tout en exprimant la fermeté et la force, la vitalité qui ressort de ce visage est plus contrôlée: le sujet réfléchit longtemps avant d'agir. **Son intelligence et sa largeur d'esprit** lui permettent d'accepter les avis des autres et les compromis. Aucune trace d'exaltation ou de suffisance. Il est modeste, même si son humilité cache un profond égoïsme et une grande sensualité.

Il s'agit d'un individu actif, essayant toujours d'analyser les problèmes et de les résoudre clairement et objectivement. **Les difficultés ne le troublent pas: elles affinent son jugement et sa clairvoyance**.

Autres particularités de cette personne: l'esprit d'initiative, l'audace et la minutie.

Cet individu est foncièrement **sociable**: malgré une légère introversion, il aime la compagnie. Il la choisit selon les exigences du moment. Ses défauts, d'ailleurs peu accentués et presque charmants, sont **l'inconstance**, la **vanité** et **l'esprit d'intrigue**.

Dans les relations sentimentales, il est discret et maître de soi. Il est parfois capable de grands élans, mais il les considère secrètement comme des simagrées inutiles.

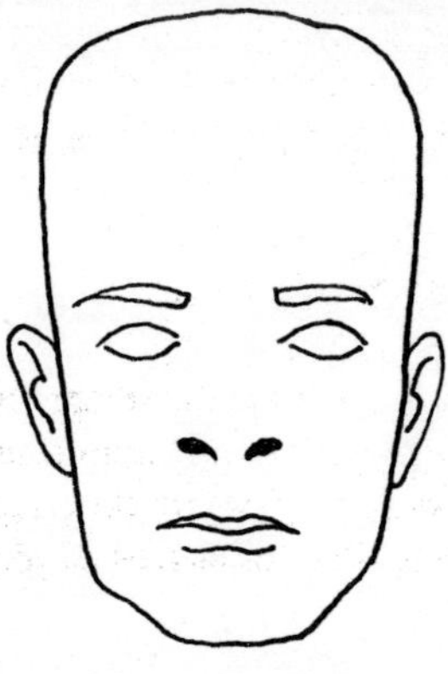

VISAGE ROND

Ce visage est caractérisé par un manque total d'angles. Les angles sont, rappelons-le, des signes d'énergie, de raison et de constance. Les courbes manifestent plutôt la **sensibilité**, l'**imagination** et la **douceur**. Nous devrions nous trouver devant le visage type du romantique. Mais l'art physiognomonique est une science nuancée. Avant de formuler un jugement définitif, elle doit prendre en compte l'ensemble des données. Dans le cas du visage rond, il nous manque la symbologie des angles. Le bilan est déficitaire, et les qualités et les défauts finissent par se confondre.

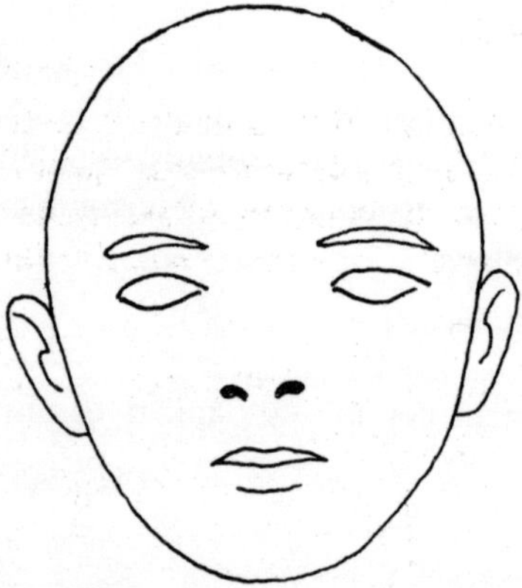

L'individu au visage rond est généralement plein de contradictions, inconstant, imprudent et peu énergique. Par ailleurs, **il disperse ses forces**; mais il fait preuve d'un **grand esprit d'initiative** et d'une grande assurance. Il est souvent très **impulsif** et s'emporte à la moindre contrariété: son tempérament **fougueux** et irrationnel l'empêche d'admettre ses erreurs.

Dans les **rapports amicaux**, il a un comportement brutal, dépourvu de toute diplomatie: sa **sincérité** peut être **impitoyable** et conduire à des ruptures. Et ce, malgré sa jovialité, sa générosité et sa cordialité qui pourrraient lui garantir une vie sociale brillante.

Dans les **rapports sentimentaux**, il a un comportement très passionnel. Incapable de modérer ses impulsions, il finit toujours par être victime du mythe du grand amour. Ses relations deviennent très vite une sublimation de vécu, indice de ses contradictions et de son **caractère sensuel et narcissique**.

VISAGE OVALE

Ce visage est une sorte d'interpénétration du visage rectangulaire et du visage rond, un mélange positif. Il caractérise un individu pétri de **douceur, d'intelligence** et d'**imagination**. Sa fantaisie lui joue cependant des tours. Excessive-

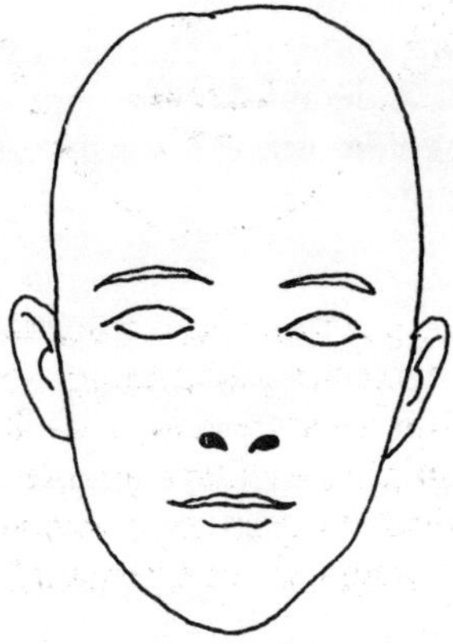

ment **curieux**, il s'occupe de plusieurs choses à la fois, mais sans véritable détermination: malgré ses capacités intellectuelles et son imagination, il finit souvent par abandonner toute initiative.

Son éclectisme n'est qu'un jeu de son imagination, un témoignage de sa nature romantique et rêveuse (que beaucoup confondent avec une faiblesse de caractère). Il n'est guère persévérant. Mais son tact et sa diplomatie sont tellement forts qu'il change souvent d'avis sans en éprouver la moindre gêne. Si on peut l'accuser d'incohérence, il faut voir que son absence de détermination n'est pas due au manque d'énergie, mais à l'entêtement, indice d'infantilisme et de timidité. Cette timidité, en plus de son hypersensibilité (le type au visage ovale est très impressionnable), l'amène à avoir des réactions incontrôlées, dont il doit par la suite subir les conséquences. Voilà pourquoi son caractère débonnaire et conciliant n'est parfois qu'un moyen de limiter, par la ruse, les conséquences déplaisantes de son caractère.

Toute son existence est vécue sur le plan mental: la méditation sur les absurdités du monde lui donne la force de réaliser ses désirs. Mais, une fois son but atteint, il n'est toujours pas satisfait. A défaut d'une grande intelligence, **c'est l'intuition qui le guide**: grâce à son imagination fertile, il résout une situation compliquée avant même de la comprendre.

Autres particularités de cet individu: le scepticisme, l'inquiétude, la sensibilité, l'émotivité et l'absence de sens pratique.

Dans ses **relations amicales et sentimentales**, il sacrifie ses rares élans au culte de la liberté: toutes ses relations sont de courte durée. Son inconstance innée ne saurait en décider autrement.

Nous venons d'exposer les six formes types du visage. Bien entendu, un visage est une mosaïque de formes et de traits, il peut ne correspondre à aucun des exemples analysés. Rien d'étonnant à cela: c'est la somme des traits individuels qui permet d'établir le caractère original d'une personne. Ces visages types ne servent qu'à déterminer les tendances générales du sujet. L'analyse doit être ensuite affinée par l'observation et l'interprétation du détail des traits. Nous allons donc vous fournir une espèce de carte du visage. A vous d'en faire bon usage!

Le front

> • ***Le front est la région où se manifestent les facultés intellectuelles.***

Depuis toujours, le front et l'intelligence sont étroitement liés. Cela s'explique aisément par la formule de Gibass (hauteur=qualité; largeur=quantité). Il existe une croyance très répandue selon laquelle les personnes au front haut et spacieux ont un rôle intellectuel extrêmement important, tandis quc les individus au front bas et étroit sont obtus et bornés.

Le front de l'interlocuteur ne pouvant être mesuré avec un centimètre, il faut aiguiser son sens de l'observation et avoir à l'esprit les modèles que nous allons vous proposer. Cela vous permettra en effet d'évaluer approximativement le caractère et plus particulièrement l'intelligence de votre interlocuteur. Etant donné que les trois parties du visage doivent avoir à peu près la même hauteur, on peut en conclure qu'**un individu au front très développé est doué de capacités intellectuelles supérieures à la moyenne**. Le front reflète en effet l'activité intellectuelle et émotionnelle, ainsi que les comportements qui en découlent, de la maîtrise de soi à l'apathie. Ainsi, un front d'une hauteur normale mais d'une largeur excessive[1] annonce un individu aux convictions très affirmées. Un front large et court est signe d'opiniâtreté, voire d'entêtement.

Comme nous l'avons précédemment souligné, seule une pratique régulière de la physiognomonie peut donner des résultats fiables. Dans le cas du front cependant, notre œil est en mesure d'en estimer rapidement les proportions et d'en mémoriser spontanément l'aspect. Le fruit de vos observations pourra être ensuite interprété à la lumière des sept types de front étudiés par la physiognomonie.

LE FRONT LARGE

Ce front se caractérise par une **largeur supérieure à 12 cm** (entre les deux crêts frontaux, placés trois centimètres au-dessus de l'extrémité supérieure des sourcils). L'individu au front large a une **grande mémoire** qui lui permet d'assimiler un grand nombre de notions et d'informations. Ses idées personnelles sont la synthèse des opinions de son entourage. Cette capacité d'écoute et de récupération le conduit à accepter les idées d'autrui avant de les comparer aux siennes. Il s'**enthousiasme facilement** et a tendance (à cause de sa spontanéité même) à se disperser.

Ses qualités, si elles ne sont pas soutenues par un effort constant, peuvent s'étioler, voire disparaître: nous conseillons donc à cette personne de s'appliquer continuellement, tant dans sa vie professionnelle que dans ses relations personnelles. **C'est un interlocuteur intéressant**: s'il est stimulé, **il peut donner le meilleur de lui-même**.

[1] La dimension idéale du front, de la racine des cheveux aux arcades sourcilières, est de 6,5 × 12 cm.

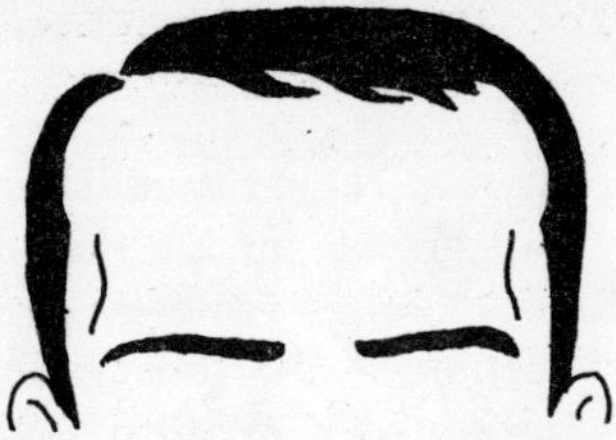

LE FRONT ETROIT

Ce front se caractérise par une largeur inférieure à 12 cm (entre les deux crêts frontaux). Cet individu est doté d'une intelligence essentiellement analytique; il a tendance à se spécialiser. Ces prédispositions le conduisent parfois à la monomanie. Cela explique son absence de méthode, son esprit confus et son inaptitude à l'activité manuelle. Généralement, l'individu au front étroit est enclin à l'**isolement**, car il accepte difficilement les idées d'autrui.

Ses idées sont fortes, profondes et particulièrement originales: voilà pourquoi il appartient souvent à la catégorie des **artistes**, des **hommes de lettres** et des **inventeurs**. A première vue expansif et extraverti, il refuse tout rapport approfondi avec autrui. Ses relations sont fondées exclusivement sur la communauté d'intérêts et d'objectifs. C'est **un interlocuteur séduisant mais égocentrique**.

LE FRONT HAUT

Ce front se caractérise par une hauteur supérieure à 6 cm (entre l'arcade sourcilière et la racine des cheveux). Cet individu est **doté d'une grande intelligence** et a des **aptitudes artistiques et philosophiques remarquables**. Il a un penchant pour l'abstraction: il a la faculté de transformer les sensations et les émotions en idées brillantes. Son comportement et ses émotions sont dictés par la logique. Ce sujet n'hésite pas à détruire une relation personnelle si celle-ci porte atteinte à ses principes moraux et à ses idéaux. Habituellement, il **répond avec fermeté** (et avec une pointe de méchanceté) **à toute remarque** sur ses convictions, et il n'hésite pas à se considérer comme le héraut de la vérité. C'est donc un individu *à prendre avec des pincettes*, têtu et intraitable. Mais cette apparente prétention cache des aspects plus plaisants: son caractère profond.

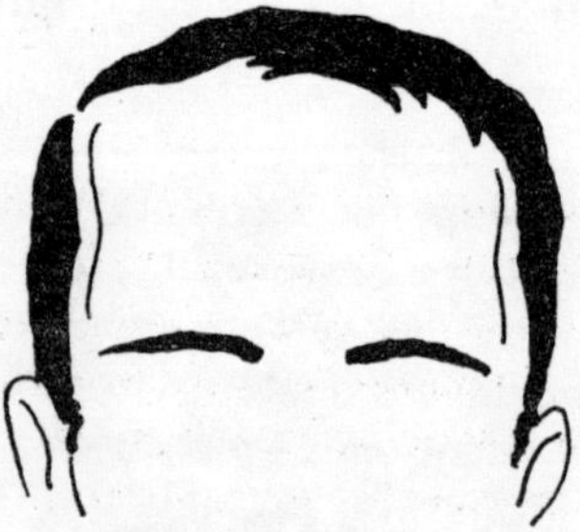

Il dissimule une âme tendre et compréhensive, **prête, dans l'intimité, à accepter calmement les idées et les exigences d'autrui**, en échange de cette douceur qu'il ne sait pas vraiment exprimer (plutôt par crainte que par incapacité). Cet interlocuteur, parfois ombrageux et irascible, n'est pas à dédaigner: une fois la glace rompue, **il est prêt à manifester, en toute occasion, son immense générosité.**

LE FRONT BAS

Ce front se caractérise par une **hauteur inférieure à 6 cm** (entre l'arcade sourcilière et la racine des cheveux). L'individu au front bas ne s'intéresse qu'aux choses matérielles.

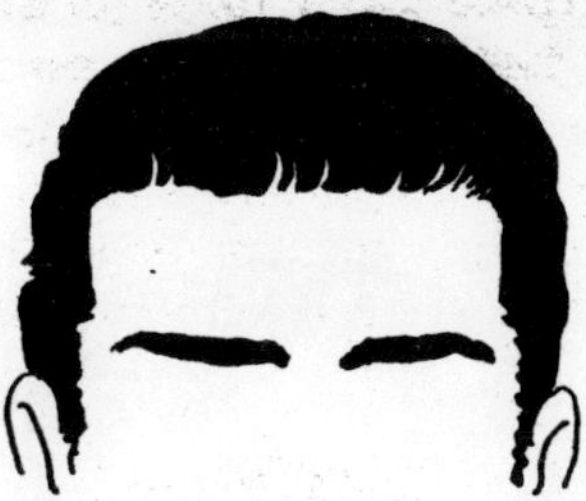

Ses actions ont toujours un but précis, concret et immédiat. Dans les rapports humains, cet individu donne rarement aux idées la valeur qu'elles ont: d'où son impuissance totale dans les situations qui ne peuvent être résolues que par la réflexion. La vie de cette personne, toutefois, est caractérisée par une **hardiesse** et un **esprit d'initiative** exceptionnels et par un grand **savoir-vivre**: ceci lui permet d'entretenir avec succès ses relations sentimentales et professionnelles. Obstiné et résolu, il fait souvent preuve d'avarice et d'irascibilité. Mais sa faculté d'adaptation le fait apprécier en société. Cet interlocuteur ne doit pas être négligé: si vous misez sur son esprit d'initiative et sur son sens **pratique**, vous arriverez à découvrir sa véritable nature.

LE FRONT RECTANGULAIRE

Ce type de front se caractérise par une surface inscrite dans un **rectangle de 6 cm de haut et de 12 cm de large**. C'est un front aux proportions parfaites, qui exprime une intelligence brillante et bien organisée. Sous l'apparence d'un être inflexible se cache un **homme raisonnable**, réfléchi, parfois **calculateur**, qui affronte la réalité avec optimisme. Les problèmes ne l'effraient pas: il les résout sans perdre son calme, en gardant le contact avec la réalité. L'homme au front rectangulaire se laisse rarement tenter par les abstractions, les perspectives chimériques et les fantaisies. **Sûr**

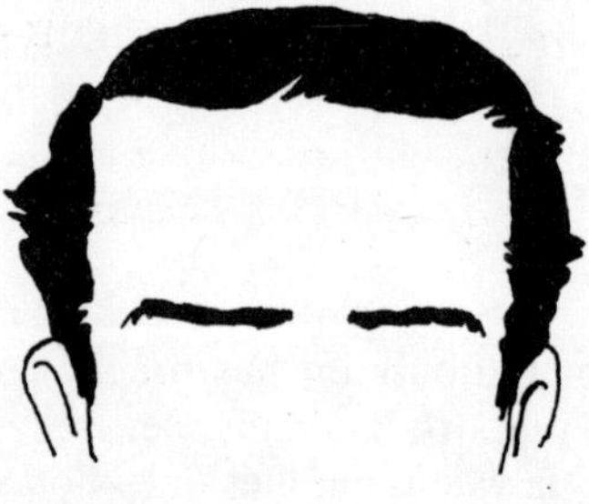

de lui, il peut se révéler **sévère et intransigeant**; mais cela ne l'empêche pas de fonder ses relations sur la spontanéité et la sincérité, des qualités qu'il considère comme fondamentales et qui conditionnent le choix de ses amis et de son milieu de travail.

C'est un interlocuteur intéressant: **ses dons d'analyse et son bon sens en font un ami fidèle et sincère**.

LE FRONT TRAPEZOIDAL

L'art physiognomonique distingue deux types de front trapézoïdal:

- le premier a une base supérieure très large et des tempes bombées;
- le deuxième a une base inférieure très large (à la hauteur des arcades sourcilières).

• **Le front trapézoïdal avec base supérieure très large caractérise un individu doué d'imagination et un peu artiste**. Lorsque son imagination n'est pas ordonnée de façon constructive, elle peut donner lieu à une sorte de délire: son discours devient incompréhensible, le sujet entre dans une situation d'isolement et d'incommunicabilité et finit par perdre la maîtrise de soi. En revanche, si ce front est très bombé, l'individu est **gai, jovial, parfois farceur** et sarcastique. Mais son ironie et son goût pour la plaisanterie peuvent prendre des proportions difficiles à accepter, le sujet n'étant pas capable de savoir s'arrêter.

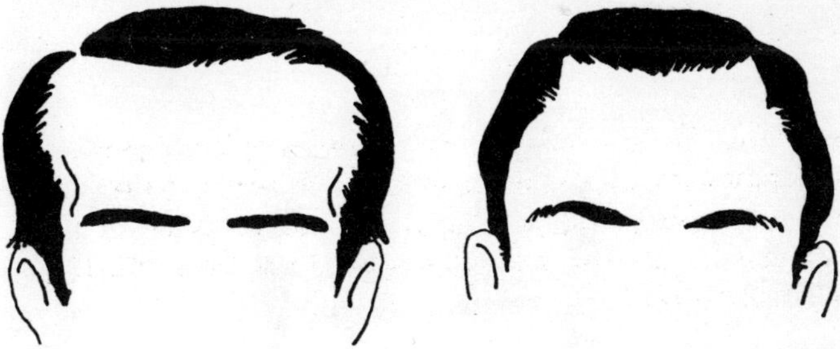

• **Le front trapézoïdal avec base inférieure très large caractérise un individu doué d'une intelligence très concrète**. Sa vision de la réalité est foncièrement optimiste, et ses dons d'analyse lui permettent d'affronter les problèmes avec succès. La détermination, la faculté à prendre des décisions, l'esprit d'initiative, le sens de l'organisation et d'immenses capacités mnémoniques caractérisent son comportement. Dans les relations humaines, cet individu préfère le concret, tout en ne dédaignant ni les émotions ni les sentiments.

L'interlocuteur au front trapézoïdal est toujours apprécié pour ses facultés intellectuelles qui en font un **être brillant et toujours prêt à secourir son prochain**.

LE FRONT OVALE ALLONGE

Il s'agit d'un front dont la largeur diminue progressivement vers le haut et dont la hauteur est supérieure à la moyenne. C'est le front des *têtes d'œuf*. Il caractérise les **individus doués d'une imagination fertile, enclins à l'introspection, à la méditation et au mysticisme**. Ces tendances inhibent leurs capacités manuelles et leur sens pratique. Ce sujet est plus attiré par les idées extravagantes et utopiques que par les arguments concrets et réalistes. Son indépendance in-

tellectuelle le conduit à affiner son intuition. Dans les rapports humains, il arrive à surmonter sa propension à l'introversion: il est capable d'élans et même de dévouement, tout en restant profondément attaché à ses convictions. De tempérament inquiet et nerveux, il est doué pour les activités artistiques qui lui permettent d'exprimer son **immense génie**.

C'est un interlocuteur intéressant dans la mesure où, **malgré un manque apparent de fidélité, il fait des autres le centre de sa vie**.

AUTRES TYPES DE FRONT

L'expérience montre qu'il existe également un front fuyant, un front vertical et un front proéminent. Ces types de front n'étant pas cités dans les textes de physiognomonie, nous nous limiterons à fournir quelques caractéristiques.

- **Le front fuyant**, c'est-à-dire très incliné vers le haut, est l'indice d'une grande **imagination et d'un solide sens pratique**, un signe d'**impulsivité**, de **combativité**, d'**imprudence** et d'**émotivité**. L'individu au front fuyant est un orateur habile, même si ses discours sont souvent mensongers. Une trop forte inclinaison du front dénote un sujet irritable, despotique et capricieux, dépourvu de jugement mais capable d'intuitions brillantes.

- Le **front vertical** est caractérisé par une hauteur limitée et par une dépression au niveau de la racine du nez. Il est la marque d'un caractère obstiné et routinier dont les réactions sont essentiellement dictées par l'esprit de contradiction. Ce sujet est doué d'une **intelligence** positive, d'un esprit mathématique et d'un jugement sûr: il réussit dans toutes les activités dont les buts sont bien déterminés.

• Le **front proéminent dans sa partie inférieure** signale un individu extrêmement doué pour les activités pratiques. Grâce à son sens de l'observation, il arrive à comprendre les causes secrètes du comportement de son interlocuteur. Autres caractéristiques: la **volonté**, l'**efficacité** et la **détermination**. Si le front est proéminent dans sa partie centrale, l'individu est caractérisé par une grande capacité mnémonique, ainsi que par une inclination à la **méditation** et à la **mélancolie**. Il s'agit d'un sujet introverti, indécis et irritable qui hésite quand il faut prendre une décision. La **proéminence de la partie supérieure** du front dénote en revanche une **intelligence abstraite** qui, combinée à une certaine **intolérance** et à une grande déraison, complique à loisir les rapports humains. Il convient toutefois de souligner l'originalité de ce sujet et son penchant à élaborer des systèmes philosophiques.

Sourcils et paupières

• Les arcades sourcilières ainsi que l'ouverture et la forme des paupières peuvent nous fournir des indications intéressantes pour faire le portrait psychologique de notre interlocuteur, même si elles sont moins significatives que l'éclat ou l'intensité de son regard.

"L'œil est le miroir de l'âme".

Il convient de décrire sommairement les sourcils et les paupières. Les sourcils peuvent en effet nous fournir les indications précieuses qui contribueront à former le portrait psychologique de notre interlocuteur. Avant d'indiquer la symbologie des sourcils, nous consacrerons quelques lignes aux arcades sourcilières.

La physiognomonie distingue deux types d'arcades sourcilières. **Les arcades sourcilières proéminentes sont l'indice**, selon le type de front, **d'une prédisposition pour l'activité intellectuelle**. Lorsque le front est haut, on constate un penchant pour la philosophie; lorsqu'il est rectangulaire pour les sciences, lorsqu'il est trapézoïdal pour les arts.

Les arcades sourcilières très développées indiquent parfois un tempérament grossier, indiscipliné et violent.

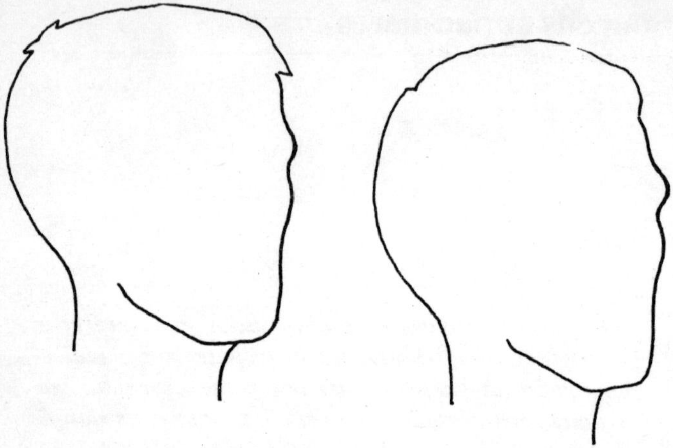

Analysons maintenant en détail les types de sourcils les plus répandus et les caractères qu'ils annoncent.

• *Sourcils fins et clairsemés*: indolence, indécision, apathie et paresse.

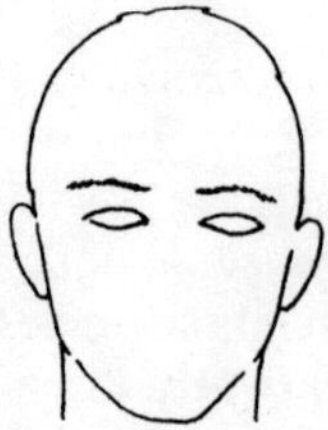

• *Sourcils épais*: irascibilité, exaltation, efficacité, caractère ombrageux et esprit de contradiction.

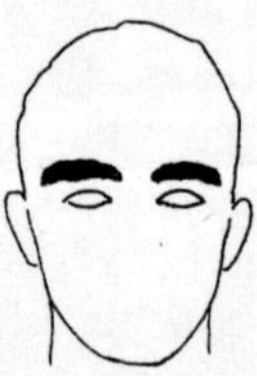

- *Sourcils courts*: inconstance, irritabilité et instabilité émotive.

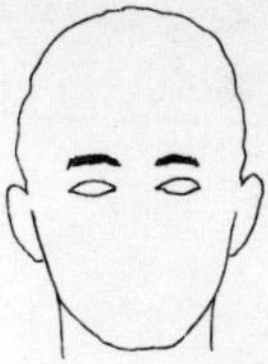

- *Sourcils longs*: vitalité, énergie, détermination et résistance.

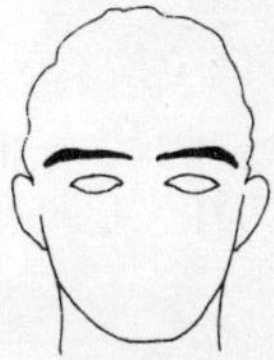

- *Sourcils arqués et arrondis*: docilité, tolérance, diplomatie et spontanéité.

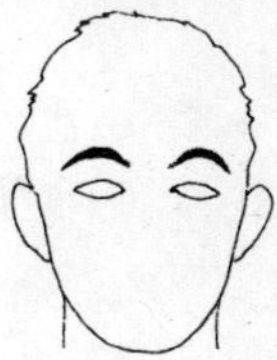

- *Sourcils arqués en accent circonflexe renversé*: courage, énergie, combativité, introspection et originalité.

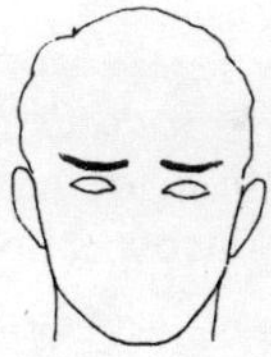

- *Sourcils horizontaux*: autorité, obstination, ténacité et hypocrisie.

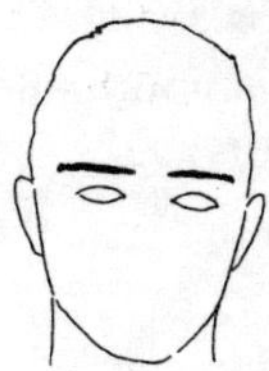

• *Sourcils descendant vers les tempes*: timidité, inquiétude et manque d'assurance.

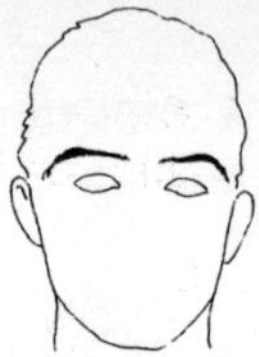

• *Sourcils remontant vers les tempes*: gaieté, agressivité, énergie, audace et hypocrisie.

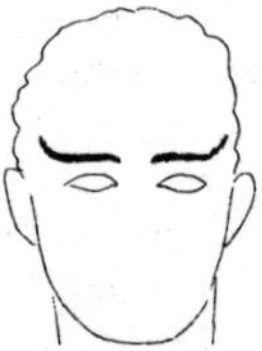

• *Sourcils se rejoignant à la racine du nez*: susceptibilité, jalousie, exubérance.

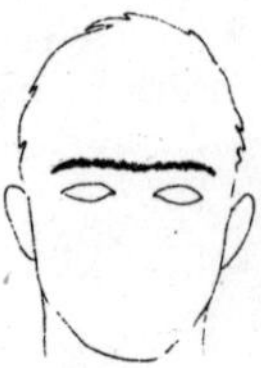

• *Sourcils proches des paupières*: ambition, détermination, vitalité, anxiété et introspection.

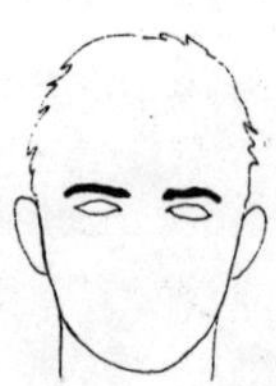

• *Sourcils éloignés des paupières*: indécision, timidité, naïveté et fragilité émotive.

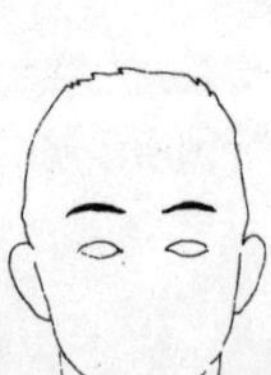

• *Absence de sourcils*: apathie, inconstance, manque d'assurance et instabilité.

L'art physiognomonique est en mesure de nous fournir des informations indispensables à la compréhension du caractère, en partant d'éléments qu'un observateur distrait ne remarquerait pas. C'est le cas **des paupières**, qui **attirent généralement moins l'attention que l'éclat ou la profondeur du regard**.

La physiognomonie fonde son interprétation sur deux aspects des paupières: leur ouverture (ou fente palpébrale) et la forme des paupières supérieure et inférieure.

Voici, schématiquement, ce que l'on peut déduire du caractère d'après la forme de la fente palpébrale.

Une **fente palpébrale accentuée** dénote la curiosité, l'attention, la franchise, la spiritualité, l'enthousiasme, l'optimisme et l'espoir, alors qu'une **fente palpébrale réduite est** un indice de réserve, de scepticisme, de prudence, d'égoïsme et de cruauté.

Voici, schématiquement, ce que l'on peut déduire du caractère d'après la forme des paupières.

• *Paupière supérieure horizontale*: égoïsme, formalisme, habileté et esprit calculateur.

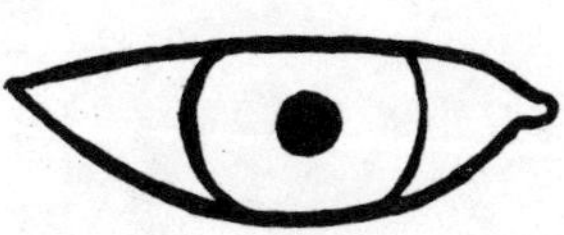

• *Paupière supérieure baissée*: coquetterie, esprit pratique, matérialisme, condescendance, prétention.

• *Paupière supérieure charnue*: avarice, astuce, timidité, réserve, diplomatie, minutie, concentration.

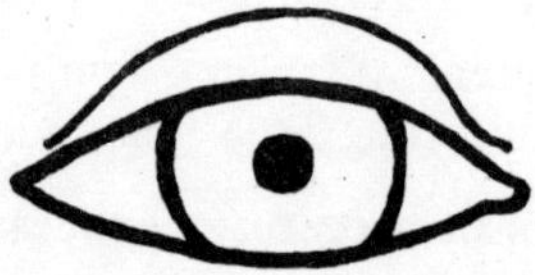

• *Paupière inférieure baissée*: faiblesse, mélancolie, timidité et perfidie.

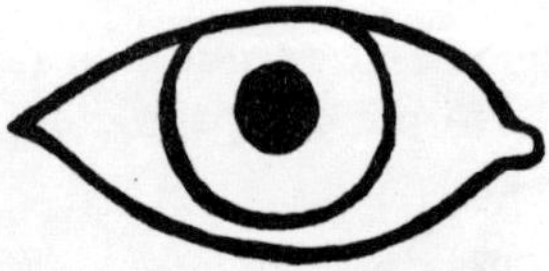

• *Paupière inférieure soulevée*: courtoisie, sensualité, douceur, amabilité et docilité.

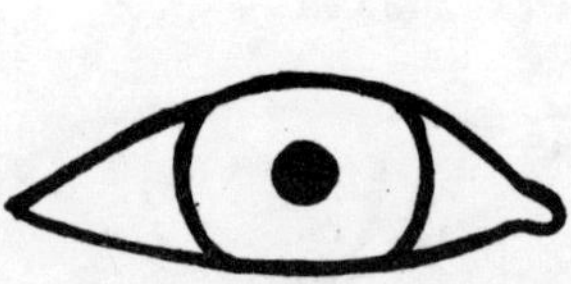

Après ces quelques notes, nous allons porter notre attention sur l'élément que la sagesse populaire n'a jamais cessé de considérer comme le plus important du visage: l'œil, le miroir le plus fidèle de l'âme, la source principale des interprétations physiognomoniques.

> Selon un vieux dicton: "Regarde les yeux de celui qui te parle, et tu sauras s'il dit ce qu'il pense et s'il fera ce qu'il dit". En nous donnant les moyens de lire dans un regard, indépendamment des autres traits du visage, la physiognomonie nous permet de connaître les véritables intentions de notre interlocuteur, de vérifier l'authenticité de ce qu'il affirme. Il est donc essentiel de lire (et d'appliquer fidèlement) les théories exposées au chapitre suivant.

Les yeux

- ***Les yeux sont une source inépuisable d'informations sur le caractère de notre interlocuteur.***
- ***C'est sur leur place, leur dimension et leur forme que la physiognomonie fonde ses interprétations.***
- ***L'importance et la signification de la couleur des yeux.***

Qui n'a jamais lu le mensonge dans les yeux de son interlocuteur! Qui n'a pas connu, une fois au moins dans sa vie, une sensation agréable transmise par le regard d'une personne qui faisait montre de froideur et d'intolérance! Il ne fait aucun doute que **les yeux reflètent, mieux que les autres traits du visage, la véritable nature d'une personne**. Notre expérience nous l'a maintes fois prouvé. Il nous est souvent arrivé de reconnaître une personne (rencontrée plusieurs mois auparavant) rien qu'en regardant ses yeux: immédiatement, nous avons revécu ce qui s'était passé. Les yeux sont un élément fondamental pour comprendre les particularités d'un caractère.

Dans ce chapitre, nous nous limiterons à l'exposé de la signification psychologique des yeux: le regard sera analysé dans l'annexe. Il faut encore souligner que les informations exposées dans les paragraphes suivants (à condition d'être suivies par un entraînement régulier) ont une importance capitale dans l'apprentissage de l'art physiognomonique.

Avant de commencer à examiner la symbologie des yeux, nous vous rappelons que votre observation devra être spontanée, de façon à ne pas gêner votre interlocuteur. Il vous faudra également garder toujours en mémoire qu'une **mobilité excessive de l'œil et des paupières annonce toujours un manque de confiance en soi, de l'incohérence, du scepticisme et de l'hypocrisie**.

Les théories de la physiognomonie se fondent sur la position, la dimension et la forme des yeux.

POSITION

On peut distinguer deux types d'yeux:

- les yeux **rapprochés** (si la distance qui les sépare est inférieure à 3 cm);
- les yeux **écartés** (si la distance qui les sépare est supérieure à 3 cm).

Comme nous l'avons déjà fait remarquer dans le chapitre sur le front, vous ne pourrez mesurer la distance entre chaque œil au moyen d'un centimètre. Mais, par un entraînement régulier vous arriverez cependant à reconnaître du premier coup le type d'yeux de votre interlocuteur.

Yeux rapprochés

Les yeux rapprochés caractérisent un **individu rationnel et concret** dont le comportement frôle souvent le cynisme.

Malgré son inconstance et son manque d'assurance, qui le portent souvent à agir avec une objectivité complètement dénuée de sentiment, il s'agit d'un sujet positif. Au premier abord, il apparaît très détaché, indifférent et apathique: c'est le résultat d'une tristesse intérieure qu'il refuse de partager avec les autres.

Les rapports humains de cet interlocuteur **sont empreints de franchise et de compréhension réciproques**.

Yeux écartés

Les yeux écartés indiquent un **individu avide et égoïste**, prêt à exploiter n'importe quelle situation. Son comportement est caractérisé par l'absence de préjugés et par l'indifférence: de fait, il est **souvent l'objet de critiques ou**, pire encore, **de vengeances**. Mais tout le laisse profondément indifférent: l'adulation qu'il reçoit lui suffit. Les rapports avec cet individu sont généralement difficiles, d'autant plus qu'il n'accepte pas les idées des autres. Cependant, son intolérance et son irritabilité ont tendance à disparaître lorsqu'il perçoit une possibilité de gratification, susceptible de

renforcer son égocentrisme. **Les rapports humains** de cette personne **sont toujours intéressés, empreints de douceur affectée et d'hypocrisie.**

Yeux obliques avec paupière inférieure descendant vers le nez

Ce type d'yeux annonce un individu idéaliste et naïf, toujours **à la merci de son romantisme et de sa sensibilité** excessive. D'où une **tendance à la mélancolie, à l'introspection** et au découragement, débouchant souvent sur une

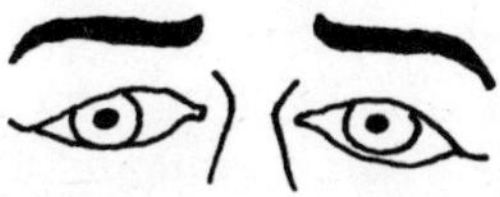

conduite d'échec. Le contact avec cette personne est caractérisé par des problèmes de communication, que seuls la douceur et le temps parviendront à effacer. Il s'ensuivra **des rapports presque toujours fondés sur l'idéalisation, mais francs et durables.**

Yeux obliques avec paupière inférieure remontant vers les tempes

Ce type d'yeux annonce un **individu sensible et pétri de qualités, mais qui a du mal à s'extérioriser** en raison d'une timidité mal dissimulée. Le comportement de cette per-

sonne est souvent l'objet de critiques: en effet, on prend souvent son incohérence (due à un manque d'assurance) pour de l'hypocrisie ou de l'inconstance. Or, l'existence de cette personne est fondée sur la fidélité et l'authenticité, malgré un manque de courage et de détermination qui l'obligent toujours à jouer le second rôle. Les rapports humains de cet individu déboucheront, après une phase d'indécision et de perplexité, sur une relation très positive: la **loyauté**, le **dévouement** et la **gaieté** du sujet seront un délice pour son interlocuteur.

DIMENSIONS

La dimension des yeux ne peut être mesurée en centimètres: encore une fois, il appartiendra à l'observateur de déterminer le type d'yeux en se fondant sur les proportions générales du visage.

Petits yeux

Les petits yeux caractérisent un **individu doué d'une vive intelligence, d'esprit d'initiative, d'intuition et de perspicacité**. Ces qualités sont très souvent associées, surtout chez les sujets brévilignes, à l'inconstance, à la jalousie et à l'égoïsme. Il convient d'ajouter que cette personne se sert souvent des autres, même si elle a l'air de céder aux instances de son interlocuteur.

Son désir inné de toujours être le premier, et son hypocrisie subtile font que ses rapports avec autrui se détériorent rapidement.

Grands yeux

Les grands yeux caractérisent un **individu doué d'imagination, versatile, sensuel et parfois susceptible**. Si le sujet appartient au type longiligne, il est victime d'un manque d'assurance, pouvant frôler l'aboulie lorsqu'il s'agit d'affronter des situations qui remettent en question ses convictions. Par ailleurs, bien que doué d'un grand esprit d'observation, il finit par rendre vains tous ses efforts, s'il les a faits dans un but intéressé.

Ses rapports humains sont empreints d'impulsivité et d'inconstance, et ce, malgré une timidité apparente, pouvant induire en erreur ses interlocuteurs. **Sous des apparences de passivité se cache un sujet qui a fait du mépris sa raison d'être**.

FORME

Yeux ovales (en amande)

Les yeux ovales annoncent un **individu doué de sensibilité et d'intelligence**, mais **parfois** aussi plein **de cruauté et d'astuce**. Le caractère de cette personne est empreint de froi-

deur, malgré la richesse de ses sentiments, son activisme et son sens pratique. A la fois prudent et curieux, il tend à fonder sa vie sur le concret, ce qui ne l'empêche pas de manifester de l'insatisfaction et de l'ennui, surtout lorsqu'il se sent contrarié. Son insatisfaction le pousse à vouloir toujours s'améliorer, et ce, au détriment parfois de toute cohérence. Ainsi s'expliquent son inconstance et son scepticisme. En raison de son **égoïsme**, il n'apportera à son interlocuteur que déceptions et amertume.

Yeux ronds

Les yeux ronds caractérisent un **individu doué d'une belle imagination, d'une émotivité exaspérée et d'une grande susceptibilité**. Le comportement de cette personne est empreint de calme et de réflexion; mais quand elle se sent attaquée, elle peut avoir des accès de colère. Cette personne se caractérise également par son détachement: cela explique sa nature romantique qui la pousse à se vouer complètement à un idéal tangible ou imaginaire. Habituellement, cet individu refuse les conflits, afin de préserver sa tranquillité.

Cet interlocuteur, s'il est traité avec douceur et compréhension, **peut vous aider à résoudre vos problèmes existentiels**: ses paroles, en effet, sont toujours dictées par la raison, et ce, malgré un comportement parfois impérieux.

Yeux saillants

Les yeux saillants annoncent un **individu introverti, mais toujours soucieux de paraître brillant et ouvert**. Cette contradiction est source de nombreux conflits. Sa personnalité est en effet très complexe: elle est un mélange d'apathie et de vivacité, de bon sens et d'imagination.

Généralement, cet individu est doué de facultés mnémoniques remarquables, lui permettant d'affronter avec succès les situations où l'expérience doit remplacer le manque d'intuition.

Cet interlocuteur, s'il est motivé, **peut donner le meilleur de lui-même sur le plan professionnel. Dans les rapports humains, il refuse de prendre une position bien déterminée, ce qui le condamne fréquemment à la solitude.**

Yeux enfoncés

Les yeux enfoncés annoncent un **individu introverti jusqu'à l'autisme**. La personnalité de ce sujet est empreinte de bon

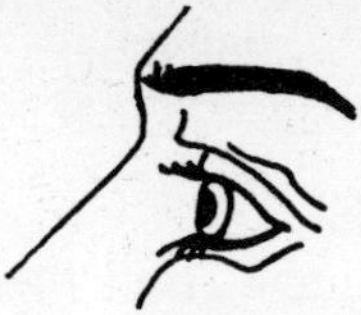

sens, de réflexion et de mélancolie, mais aussi caractérisée par une absence de vitalité, une tendance à la dépression et une susceptibilité extrême, interprétée parfois comme un manque de sincérité. Le comportement de cette personne est caractérisé par l'indécision, la timidité et la réserve. Ses problèmes de communication le handicapent grandement: il voudrait se donner aux gens, mais son manque de courage et sa crainte d'être importun finissent par le reléguer au second plan.

Il s'agit d'un interlocuteur qui, **pour donner le meilleur de lui-même, a besoin de dévouement et de douceur**.

LA COULEUR DES YEUX

Il faut souligner qu'un observateur remarque généralement la couleur des yeux avant de voir leur forme. Dans l'art physiognomonique, l'iris contribue souvent à fonder l'interprétation: il représente, en quelque sorte, un point de départ pour orienter les recherches sur le caractère de la personne observée. Les physiognomonistes ne s'accordent cependant pas sur la signification des couleurs: nous vous donnons ici les théories de Gibass et Saponaro.

- *Yeux marron*: fourberie, sensualité, nervosité, finesse, volupté, volonté et discernement.

- *Yeux bleus*: ambition, inquiétude, hypocrisie, sens pratique, égoïsme, faiblesse, réserve et imagination.

- *Yeux verts*: irritabilité, sensualité, bienveillance, générosité, dévouement, courage et intelligence.

- *Yeux gris*: hypocrisie, patience, sens pratique, optimisme, coquetterie et enthousiasme.

Bien entendu, il s'agit là des couleurs les plus répandues. Quant aux cinquante-quatre autres nuances de l'iris que les chercheurs ont réussi à cataloguer, l'observateur devra les interpréter en fonction des autres traits du visage: il y parviendra par la pratique régulière et l'affinement de ses capacités d'observation.

> N'oublions pas (nous ne cesserons de le répéter tout au long de ce livre) que seul l'ensemble des détails du visage peut nous fournir le portrait psychologique de notre interlocuteur, même si c'est parfois un simple détail, apparemment insignifiant, qui nous met sur la bonne route.

Le nez

- ***Le nez, à l'instar des yeux, caractérise immédiatement un visage et frappe d'emblée l'observateur.***
- ***C'est un élément fondamental pour connaître le caractère d'une personne.***

Dans les chapitres précédents, nous avons fait remarquer plusieurs fois que les éléments du caractère se présentent comme les pièces d'une mosaïque, que seul un entraînement constant et continu nous permet d'assembler. Les pièces de la mosaïque correspondent en effet aux différentes parties du visage. Un des fragments les plus importants est le nez: à l'instar des yeux, il est **immédiatement remarqué par l'observateur et lui fournit d'importantes informations pour tracer le portrait psychologique de la personne**. Il convient également de souligner que, dès l'Antiquité, le nez a joué un rôle fondamental dans la vie sociale des individus: le *Lévitique* (livre de l'Ancien Testament) interdit le sacerdoce aux hommes dont le nez est trop long ou même imparfait. Certains peuples primitifs choisissent au contraire le chef de la tribu parmi les individus dotés d'un long nez. On peut également citer le cas de Pinocchio, dont le nez a accompagné une bonne partie de notre enfance. Quant aux personnages historiques, nombre d'entre eux doivent leur célébrité aux dimensions de leur nez: Laurent le Magnifique, Cyrano de Bergerac...

Voici, schématiquement, ce que l'on peut déduire du caractère d'après les dimensions du nez:

- **un grand nez** annonce la volonté, la persévérance et l'originalité;
- **un petit nez** annonce l'indolence, la faiblesse et l'inconstance.

Voici maintenant ce que l'on peut déduire du caractère d'après les convexités et les concavités du nez.

Après avoir considéré que le nez est subdivisé en deux parties, la partie supérieure (ou arête) et la partie inférieure (ou pointe), il nous reste à définir les termes de concavité et convexité, fondamentaux pour la classification des types de nez.

En ce qui concerne l'**arête du nez**, il faut tracer une ligne imaginaire reliant la base du front au bout du nez: si la ligne passe au-dessus de l'arête, il y a concavité; si la ligne croise l'arête, il y a convexité.

Pour déterminer la concavité ou la convexité de la **pointe du nez**, il faut tracer une ligne droite imaginaire reliant la partie supérieure et inférieure de l'arête: si le bout du nez se trouve au-dessous de la ligne tracée, il y a concavité; si le bout du nez croise la ligne imaginaire, il y a convexité.

• Généralement, **une concavité dans la partie supérieure du nez est un indice de passivité, d'apathie et de fragilité émotive; une concavité dans la partie inférieure annonce la détermination, l'énergie et l'audace**. En ce qui concerne la concavité inférieure, il existe deux interprétations physiognomoniques, selon la forme de la pointe du nez: si celle-ci est charnue et ronde, l'individu est jovial, généreux, entreprenant et actif. Si la concavité est associée à une pointe crochue et fine, le sujet est altruiste, inconstant, actif, vaniteux et doué d'une sensualité frôlant la luxure.

• Considérons maintenant **la convexité**: si elle est **située dans la zone supérieure du nez**, elle **est signe de nervosité, d'instabilité et d'irritabilité**. Si elle est **située dans la partie inférieure, le sujet est ambitieux, irascible et passionné**. Il existe deux interprétations physiognomoniques de la convexité inférieure, selon la forme de la pointe du nez: le nez retroussé annonce la vivacité et l'exubérance, alors qu'une pointe grosse et charnue caractérise un individu paresseux, apathique et indolent.

NEZ CONCAVE DANS SA PARTIE SUPERIEURE

Ce type de nez annonce un caractère **passif et faible**. Cet individu est paresseux et prudent, même s'il est doué d'un remarquable sens pratique. Son comportement se caractérise par l'ordre et la minutie. Un peu irrationnel, il ne dé-

daigne pas les situations qui peuvent frapper son imagination. Son manque de confiance en soi le conduit à fuir les responsabilités et les prises de positions qui pourraient troubler sa tranquillité.

C'est **un interlocuteur qu'on réussit à apprécier seulement avec le temps**.

NEZ CONCAVE DANS SA PARTIE INFERIEURE, AVEC POINTE RONDE

Ce type de nez annonce un **caractère entreprenant et expansif**. Cet individu a beaucoup de sens pratique et un grand esprit d'observation. Il aime se faire valoir, tant sur le plan professionnel qu'affectif. Habituellement, son comportement est caractérisé par une tolérance et une spontanéité qui n'excluent pas une certaine superficialité lorsqu'il s'agit d'affronter des situations ne le concernant pas directement. Très inconstant, il ne s'implique pas dans les rapports humains: il a tendance à "se défiler".

Malgré son inconstance, c'est **un interlocuteur qui sait se faire apprécier pour sa gaieté et sa bienveillance**.

NEZ CONCAVE DANS SA PARTIE INFERIEURE, AVEC POINTE CROCHUE

Ce type de nez annonce un **caractère actif et énergique**. Cet individu est têtu et impulsif, mais il peut faire preuve d'une certaine tolérance. Habituellement très sceptique sur les idées d'autrui, il considère les siennes comme parfaites.

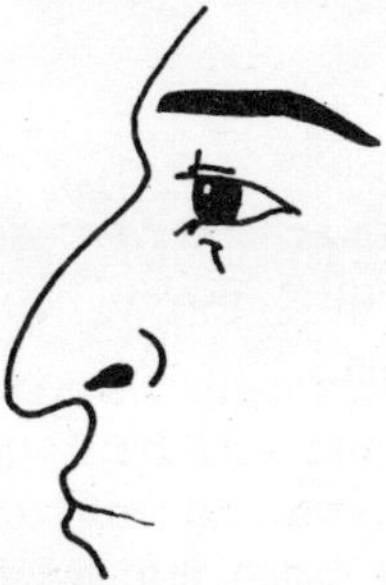

Cela ne fait que souligner son égocentrisme, sa vanité et son indifférence. Doué d'un grand sens pratique, il s'attache au concret, au tangible. Mais son apparente détermination cache une réelle indécision et une grande peur du risque. Capable d'hypocrisie et de colère, **cet interlocuteur accepte difficilement un rapport simple**.

NEZ CONVEXE DANS SA PARTIE SUPERIEURE

Ce type de nez annonce un **caractère colérique et ambitieux**. Cet individu a une grande confiance dans ses capacités et ses initiatives; c'est pourquoi il essaie toujours, par ses activités, d'obtenir la reconnaissance des autres. Son comportement est souvent empreint de mépris et d'intran-

sigeance: il a du mal à accepter les idées d'autrui, et il les réfute par n'importe quel moyen.

Ses accès de colère débouchent souvent sur la violence: il suffit cependant de faire acte de soumission pour obtenir son repentir. Il a parfois des idéaux très élevés, qu'il cultive de façon maniaque et quasiment mystique.

Malgré son narcissisme et ses sarcasmes qui peuvent être parfois très déplaisants, **cet interlocuteur peut vous aider à résoudre vos problèmes existentiels**.

NEZ CONVEXE DANS SA PARTIE INFERIEURE

Ce type de nez retroussé annonce un caractère un peu hypocondriaque, mais optimiste et débonnaire. Cet individu se montre souvent mélancolique et taciturne, ce qui peut le handicaper dans sa vie professionnelle et affective. Son comportement, en effet, semble caractérisé par la superficialité, par une certaine indifférence. N'arrivant pas à extérioriser l'exubérance qu'il sent en lui, il ne jouit pas de l'estime de ses proches. Son comportement social dénote un manque d'assurance.

Face à cet interlocuteur, on éprouve d'abord un malaise. Mais, avec le temps, il peut être source d'intenses satisfactions, en raison de sa sincérité et de sa franchise.

NEZ CONVEXE DANS SA PARTIE INFERIEURE, AVEC POINTE CHARNUE ET RONDE

Ce type de nez annonce un **caractère mélancolique**, avec une propension à l'autisme et à la dépression. Cet individu est très idéaliste, derrière un attachement apparent aux petites choses de la vie quotidienne. Son comportement est souvent empreint de timidité et de réserve; mais, dans certaines situations, il est capable de défendre ses convictions jusqu'au bout. La cohérence et le discernement sont ses qualités maîtresses.

Quoiqu'il suscite parfois la méfiance, **cet interlocuteur est en mesure de vivre une relation calme et équilibrée**, à condition toutefois qu'on n'essaie pas de lui faire changer d'opinion.

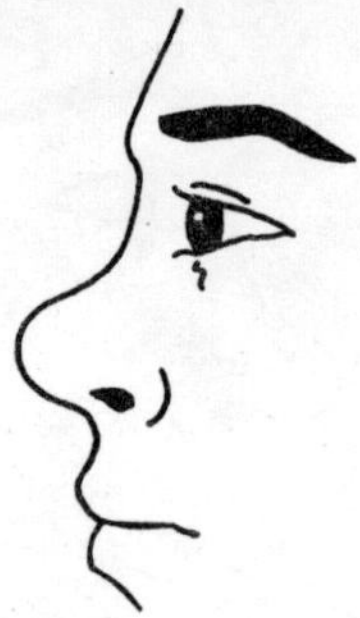

NEZ DROIT

Ce type de nez, dit *nez grec*, annonce un caractère **passif et inconstant**. Cet individu fonde sa vie sur la loyauté et l'honnêteté. Mais sa naïveté l'empêche de se réaliser pleinement. Son comportement est caractérisé par la tolérance et l'émotivité: il craint toujours que quelque chose ne vienne troubler son équilibre précaire, acquis à force de modération et de discrétion.

Dans les rapports humains, il trahit sa véritable nature et fait montre d'un égocentrisme et d'une vanité qui finissent par le rendre antipathique. A la longue, **cet interlocuteur se révèle extrêmement dévoué**.

NEZ GIBBEUX

Ce type de nez signale un caractère **grossier, envahissant et mal élevé**. Cet individu ne s'intéresse qu'à l'assouvissement de ses instincts vitaux, ce qui le pousse à transgresser toutes les règles sociales et à manquer de pudeur et de tact. Ce comportement inadmissible peut toutefois réserver des surprises: lorsque le bien-être d'une autre personne est en jeu, il sait faire preuve d'une générosité incroyable. Immédiatement, son impudence se transforme en optimisme et son matérialisme en gentillesse. Pour aider son prochain, il n'hésite pas à faire preuve de masochisme.

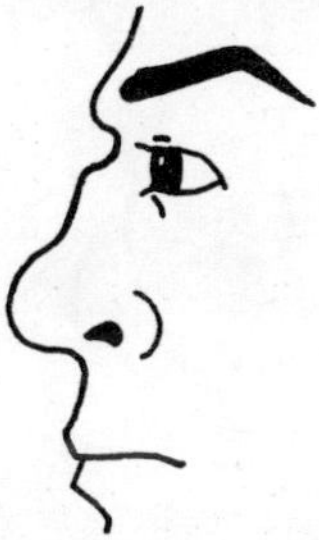

C'est un **interlocuteur inconstant et difficile**, qui peut cependant se révéler particulièrement disponible.

NEZ LARGE DANS SA PARTIE CENTRALE

Ce type de nez annonce un **caractère volontaire et résolu**. Cet individu a une volonté de fer et une énergie remarquable. Son existence est fondée sur l'action et l'ambition. Autres caractéristiques: la vanité et l'impatience, doublées d'une tendance à la dissimulation. Il est difficilement supportable. Pourtant, il possède beaucoup de qualités sur le plan pratique. Son comportement est souvent empreint d'indépendance et d'audace, qualités qui sont pour lui un véritable crédo.

C'est **un interlocuteur qui ne laisse place ni aux idées ni aux sentiments des autres**, car il se sent toujours au centre des débats.

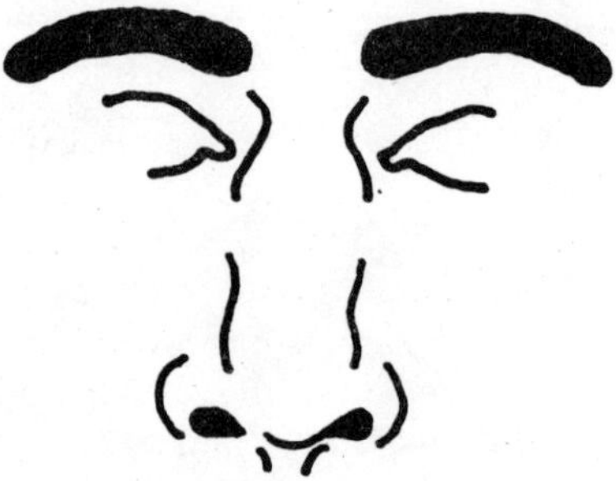

NEZ ASYMETRIQUE

Ce type de nez annonce un caractère **inquiet et complexé**. Cet individu montre rarement ses intentions réelles. Son instabilité ne lui permet pas de concilier ses exigences avec celles des autres, et sa méfiance l'entraîne dans des actions dont la finalité ne peut être que matérielle. Son existence est caractérisée par un penchant pour le mensonge gratuit, et il finit isolé. Son impulsivité et son égoïsme facilitent rarement ses rapports avec autrui.

C'est un interlocuteur sans scrupules, qui n'hésite pas à se servir des autres.

NEZ A LA RACINE LARGE

Ce type de nez, dit *nez camus*, annonce un caractère **actif et entreprenant**. Cet individu est loyal et sincère, ce qui lui vaut l'estime de ses collègues et de ses proches. Très expansif, il aime la polémique: il ne s'agit pas pour lui de vérifier l'exactitude de ses opinions, mais de s'attirer l'affection et l'intérêt dont il a besoin pour son équilibre intérieur. Quand il est enfin reconnu et apprécié, il peut devenir impudent ce qui finit par détériorer la qualité des rapports.

Sur le plan des relations humaines, les caractéristiques émotives de cet individu compliquent souvent la simplicité

des liens affectifs et sentimentaux. Le désir d'affection finit par se transformer en une dépendance presque obsessionnelle.

C'est un interlocuteur qui, malgré tout, **donne aux autres un sentiment de sécurité**.

NEZ PROEMINENT

Ce type de nez annonce un caractère **prétentieux et impulsif**. Cet individu a une grande intuition et une infinie curiosité, particularités qui l'incitent à tenter des entreprises souvent vouées à l'échec. Son comportement est caractérisé par l'obstination et la rigidité. Il donne l'impression d'être un homme qui sait ce qu'il veut. Mais ce n'est que le masque sous lequel se cache une personne faible qui cède à la moindre contrariété. Sa souplesse n'est pas dictée par la douceur: dès que cet individu peut plier son prochain à ses caprices, il n'hésite pas à se montrer méchant et brutal.

Ses relations humaines se révèlent difficiles en raison de son pédantisme et de son mépris qui compromettent l'efficacité de la communication.

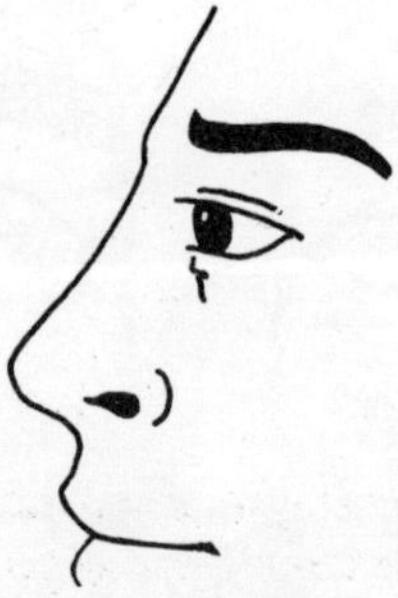

C'est un interlocuteur dont il faut se méfier: **ce n'est qu'en le connaissant à fond que l'on peut percer sa véritable nature**.

NEZ ETROIT ET EFFILE

Ce type de nez annonce un caractère **indécis et mélancolique**. Cet individu possède cependant une intelligence assez brillante, doublée de tact et de prudence, lui permettant d'accéder à des positions de prestige dans le domaine professionnel. Malgré une passivité et une faiblesse apparentes, son comportement est empreint de sévérité et de cohérence, de sorte qu'il est respecté dans tous les milieux. Son manque d'altruisme est dû à son désir d'introspection et à son goût de la sincérité. Il fuit toute connaissance occasionnelle et préfère les amitiés solides et durables. Dans son entourage, il jouit d'un grand charisme: son imagination lui permet en effet d'aider les autres en leur prodiguant toutes sortes de conseils.

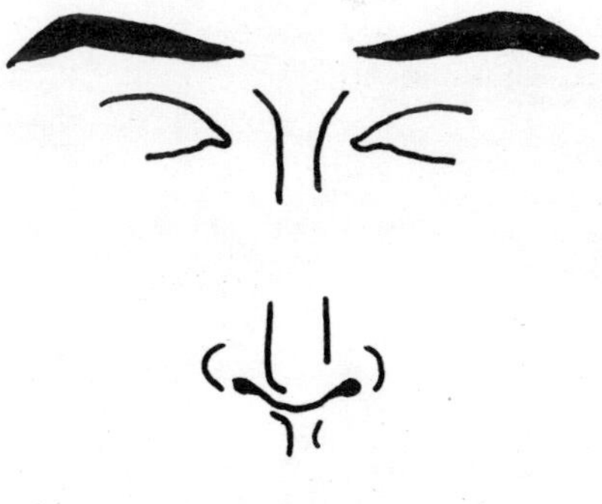

C'est un interlocuteur qui, sous une apparente froideur, cache une sensibilité tout à fait séduisante.

Après l'analyse du nez, nous allons maintenant passer à l'étude de la signification physiognomonique de la bouche. La bouche, qu'elle soit fermée ou ouverte, nous ouvre sur la véritable personnalité de l'individu et nous fournit des renseignements précieux pour l'étude du caractère.

La bouche

• ***Les Anciens la considéraient déjà comme le miroir des émotions, sentiments et passions.***

• ***Mesure de la bouche, lèvres et position des lèvres.***

La bouche, selon les règles de la physiognomonie, est en mesure de nous fournir de nombreux renseignements sur la personnalité de notre interlocuteur. Dès l'Antiquité, les chercheurs ont reconnu que cette partie du visage reflétait les émotions, les sentiments, les passions et les haines. Avant d'analyser les douze types de bouche pris en considération par l'art physiognomonique, il importe de résumer les principales interprétations concernant la région bucco-nasale, la longueur, la ligne de la bouche et la hauteur des lèvres.

• Nous entendons par **région bucco-nasale l'espace compris entre la base du nez et le bord de la lèvre supérieure**. Généralement, cette distance est **d'environ 2 cm**. Si elle est supérieure à la moyenne, elle indique un individu doué de prudence, de diplomatie, de fermeté, de jugement, de dignité et de self-control. Si elle est inférieure, elle signale un individu spontané, improvisateur, imprudent et impulsif.

• Nous entendons par **longueur de la bouche la distance, bouche fermée, entre les deux extrémités labiales**: elle est en moyenne de **5,5 cm chez les hommes** et de **4,5 cm chez les femmes**. Si cette distance est supérieure à la moyenne, le sujet est doué d'un caractère franc et exubérant, il est impulsif et souvent indélicat, préférant le côté matériel de la vie. Il s'agit généralement d'un individu avide et calculateur. Si la distance est inférieure à la moyenne, elle annonce un sujet introverti, mielleux, affecté et dépourvu de sensualité. Il s'agit généralement d'un individu dont le caractère est à la fois sensible et aride. Il a parfois tendance a être dissimulateur.

• **La ligne de la bouche est donnée par la commissure des lèvres**, généralement rectiligne. Si elle est associée à des lèvres bien dessinées, elle annonce un caractère équilibré. Associée à des lèvres fines, elle indique une prédisposition à la malignité et à l'avarice. Dans les autres cas, et surtout quand le visage exprime l'intelligence, elle annonce l'ambition et la froideur. **Si les commissures s'abaissent**, elles annoncent un caractère mélancolique et orgueilleux, un être qui se débat entre la spiritualité et l'instinct. **Si les commissures remontent**, elles signalent la bonne humeur et la jovialité ou, en mauvaise part, la prétention allant jusqu'à la pédanterie.

• Nous entendons par **hauteur des lèvres la distance entre la base de la lèvre inférieure et le bord supérieur de la lèvre supérieure**. Si les lèvres sont charnues (grosse bouche), elles annoncent un caractère affectueux et exubérant, sensuel et séducteur. Des lèvres minces indiquent en revanche un tempérament froid et calculateur, caractère typique d'une personne qui a complètement gommé ses instincts. Généralement, l'individu aux lèvres minces est vaniteux, méprisant et excessivement méthodique.

Nous connaissons désormais les caractéristiques psychologiques que l'art physiognomonique attribue aux différents types de bouche. Rappelons-le, seul un entraînement constant permet d'atteindre des résultats satisfaisants. Il convient de souligner, en post-scriptum, que **la physiognomonie ne prend en compte que les lèvres non maquillées**. Si la personne qui vous fait face porte du rouge à lèvres, mieux vaut diriger l'analyse sur d'autres détails du visage: le portrait psychologique sera beaucoup plus fiable.

BOUCHE REMONTANT AUX EXTREMITES

Ce type de bouche annonce un **sujet optimiste, sûr de lui et orgueilleux**. Cet individu est doué d'une grande sensibilité, d'une intelligence vive et d'un grand enthousiasme. Il lie facilement amitié, car **son caractère social le porte à sympathiser avec tout le monde**.

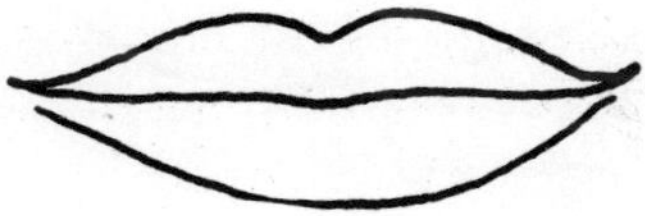

BOUCHE S'ABAISSANT AUX EXTREMITES

Ce type de bouche indique un **sujet mélancolique, pessimiste**, timide, méfiant, apathique et médiocre. Pour donner le meilleur de lui-même, dans le milieu du travail comme en famille, il doit être continuellement encouragé.

Son introversion le rend abscons et l'isole d'autrui. Elle nuit à ses relations humaines.

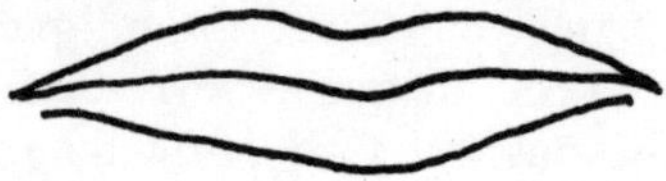

BOUCHE AVEC LEVRE SUPERIEURE REMONTANT SUR UN COTE

Ce type de bouche annonce un **sujet ironique, voire sarcastique**, caractéristiques qui cachent son manque d'assurance et un certain scepticisme. Très émotif, il est la proie du pessimisme et du découragement. **Dans les rapports humains, il est méfiant ou il adore. C'est tout l'un ou tout l'autre**.

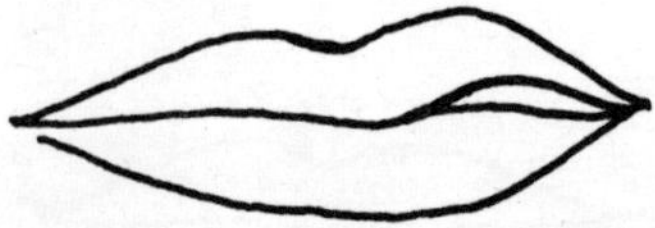

BOUCHE AVEC LEVRE SUPERIEURE DEBORDANTE

Ce type de bouche annonce un **sujet arrogant, ambitieux et brutal**. Toutefois, cet individu peut être sensible, doux et

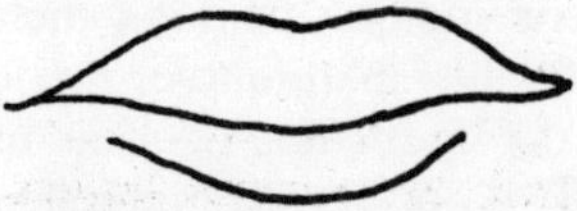

compréhensif. C'est la timidité qui l'incite à cacher ses qualités sous un masque d'orgueil. Personne difficile à comprendre si on ne la fréquente pas assidûment, elle est assez intolérante et **ne supporte pas les relations désintéressées**.

BOUCHE AVEC LEVRE INFERIEURE SAILLANTE

Ce type de bouche annonce un **sujet superficiel, faible et égoïste**, manquant d'intuition, de souplesse et de tolérance. Sa bonhomie n'est due qu'à la paresse et à l'incapacité d'analyser les situations. Cette espèce d'insensibilité ne facilite pas les relations humaines!

BOUCHE AVEC LEVRE SUPERIEURE SAILLANTE

Ce type de bouche annonce un **esprit simple, un être sensuel, indulgent, très affectueux**, sociable et généreux. C'est une personne qui sait jouer le rôle de médiateur et qui n'hésite pas à séparer deux adversaires pour assurer la tranquillité d'autrui: en d'autres termes, il déteste tout type de violence. **Ses rapports humains sont fondés sur la compréhension, la tolérance et la franchise.**

BOUCHE AUX LEVRES CHARNUES

Ce type de bouche annonce un **sujet méfiant, paresseux** et uniquement voué aux plaisirs matériels. Cet individu est susceptible d'agir de façon impulsive pour arriver à ses fins. Son seul désir est de vivre dans l'insouciance, et cela l'empêche d'assumer ses responsabilités. Manquant d'affection, il est prêt à céder à la moindre requête, quitte à renoncer à sa liberté.

BOUCHE AUX LEVRES FINES

Ce type de bouche annonce un **sujet introverti, indécis et avare**. Cet individu est incapable d'instaurer des rapports durables, il a du mal à extérioriser ses sentiments, et cela finit par l'isoler. Dans les rapports humains, **il n'arrive pas à surmonter sa timidité**. Il se montre cependant parfois disponible et sincère.

BOUCHE AVEC LEVRE SUPERIEURE SE CREUSANT AU MILIEU

Ce type de bouche annonce un **sujet extraverti, gai et intelligent**. Très solidaire, il est sensible aux joies et aux douleurs d'autrui. **C'est une personne qui transmet aux autres sa sérénité** et dont la présence en société est un baume pour ceux qui subissent les tensions et l'agressivité du monde moderne.

BOUCHE AUX LEVRES PLISSEES

Ce type de bouche annonce un **sujet insatisfait, énergique et peu expansif**. Cet individu est toujours de mauvaise humeur: intraitable et colérique, il attribue aux autres les raisons de son insuccès. Sa tendance à se poser en victime est la cause de sa prétention et de son égoïsme. Dans les rapports humains, **il est intolérant**.

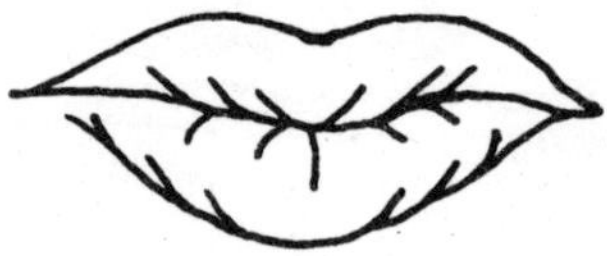

BOUCHE AUX LEVRES PINCEES

Ce type de bouche annonce un **sujet énergique, ambitieux** et capable de maîtriser ses sentiments. Cet individu est plutôt activiste: rien ne le satisfait plus que le prochain objectif qu'il s'est fixé. En réalité, il ne s'agit là que d'un prétexte pour exprimer son arrivisme. Victime d'une ambition que rien ne saurait satisfaire, il ne profite jamais de ses succès. Trop sûr de lui, **il est prêt à sacrifier les autres à son bien-être**.

BOUCHE AUX LEVRES ENTROUVERTES

Ce type de bouche annonce un **sujet agressif,** un **casse-cou** et un **fourbe**. Cet individu est caractérisé par une profonde inquiétude qui le conduit parfois à être exaspéré. Il a l'esprit de contradiction, et ses discussions se terminent souvent en bagarre. Impulsif et intolérant, **c'est un être qui ne sait pas respecter les opinions d'autrui**.

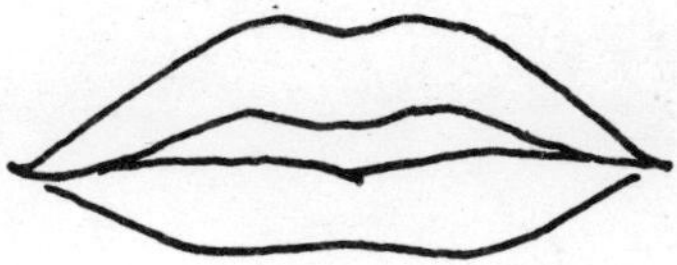

Voici la fin du chapitre consacré à l'étude de la bouche. Les analyses physiognomoniques présentées ici sont valables aussi bien pour les hommes que pour les femmes. Cependant, en ce qui concerne ces dernières, l'usage du rouge à lèvres a tendance à fausser l'observation: il épaissit exagérément les lèvres ou leur donne une forme qu'elles n'auraient pas au naturel...

Les joues

• ***Les physiognomonistes ne s'accordent pas toujours sur la signification des joues.***

• ***De notre côté, nous vous conseillons de n'évaluer les joues qu'en fonction du reste du visage.***

Nous avons vu que l'art physiognomonique **tire de chaque élément du visage des interprétations psychologiques** et permet au chercheur de déterminer le caractère de la personne en question. Toutefois, les auteurs ne sont pas unanimes pour considérer les joues comme des signes concluants de la personnalité.

Gibass, par exemple, ne tient pas compte de cet élément somatique, et l'analyse des autres traits lui suffit. Hermann consacre aux joues de nombreuses pages de son traité, mais, au moment de conclure, il renvoie le lecteur aux autres parties du visage. Nous suivrons les théories de Saponaro qui consacre aux joues un chapitre bref mais exhaustif.

• *Joues rondes et charnues*: sensualité, enthousiasme, frivolité et extraversion.

- *Joues maigres et tendues*: concentration, inquiétude, introversion et mélancolie.

- *Joues creuses*: nervosité, impulsivité, imagination, inconstance et manque d'assurance.

- *Pommettes saillantes*: énergie, courage, sagacité, indifférence et esprit d'initiative.

- *Pommettes plates*: sécheresse, susceptibilité, mélancolie et irascibilité.

- *Fossettes*: caractère capricieux, frivolité, coquetterie et soif de plaisir.

> Il est évident que cette liste ne comprend pas tous les types de joues du monde. Nous vous rappelons que les théories de l'art physiognomonique se fondent sur l'analyse de l'ensemble des traits du visage et nous vous renvoyons, en cas d'incertitude, au chapitre consacré au visage.

Les oreilles

- ***Les informations fournies par les oreilles nous permettent d'affiner l'analyse du caractère.***
- ***L'importance de leur forme, de leur dimension et de leur position.***

Récemment, une grande polémique s'est engagée au sujet du lien entre les oreilles et la vocation musicale: on a ainsi perdu de vue l'objectif même de la physiognomonie, à savoir la compréhension des éléments du caractère de l'individu d'après l'analyse de ses traits. Loin de vouloir participer à ces débats stériles, nous vous proposons ci-dessous une série de données qui pourront vous aider à compléter le portrait psychologique de votre interlocuteur.

L'oreille se divise en trois segments:
- le pavillon (partie supérieure);
- la conque (partie centrale ou moyenne);
- le lobe (partie inférieure).

Une fois encore, nous nous permettons de souligner que, ne pouvant mesurer les oreilles, il vous faudra essayer d'en évaluer les proportions par la seule observation.

• **Le pavillon est un signe important lorsque ses dimensions ne sont pas proportionnées aux autres parties de l'oreille.** Lorsqu'il est plus grand que la normale, l'individu est introverti, sensible, mélancolique et rêveur. S'il est petit, l'individu est ambitieux, volontaire, énergique et doué d'un très grand sens pratique.

• **La conque** doit être étudiée en fonction du pavillon. Elle **fournit des signes qui appartiennent à la sphère émotive et sentimentale.** Si la conque et le pavillon sont bien séparés, l'individu est sensible, altruiste, expansif et franc. Dans le cas contraire, il est égoïste, superficiel, instinctif et capricieux. Si les dimensions de la conque dépassent proportionnellement celles du pavillon et du lobe, elles indiquent que le sujet est altruiste et intuitif.

• **Le lobe, s'il est bien proportionné, annonce un individu équilibré et optimiste.** Un lobe allongé est le signe d'un sujet avare, égoïste et matérialiste. Si les dimensions du lobe dépassent proportionnellement celles du pavillon et de la conque, l'individu est doué d'un grand sens pratique et d'esprit d'initiative. Il est très ambitieux. Lorsque le lobe est très détaché de la joue, le sujet est impulsif, inconstant, orgueilleux et méprisant. Un lobe trop petit annonce l'apathie, l'aboulie, l'introversion et l'incohérence.

Les dimensions des oreilles, leur position par rapport au crâne et leur forme peuvent également fournir des indications précieuses.

DIMENSIONS

Les grandes oreilles sont signes d'expansivité, de sensualité, d'orgueil, d'ambition, d'égoïsme, d'intuition et d'esprit d'initiative. **Les petites oreilles** annoncent la timidité, la sensibilité, l'introspection, la mélancolie et une certaine propension au découragement.

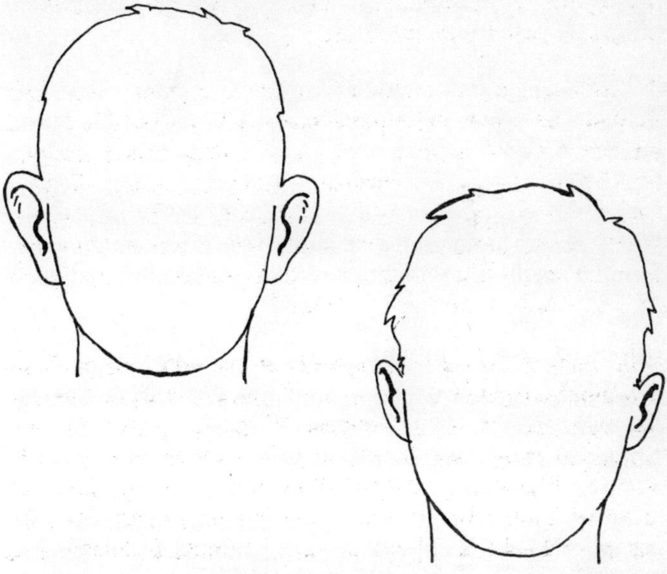

POSITION PAR RAPPORT AU CRANE

Une oreille normalement fixée au crâne annonce un individu orgueilleux, courageux, ambitieux, actif et intuitif.

Une oreille très détachée du crâne signale un individu brutal, violent, hypocrite et faux.

Une oreille complètement collée au crâne indique un individu timide, inconstant, égoïste et susceptible.

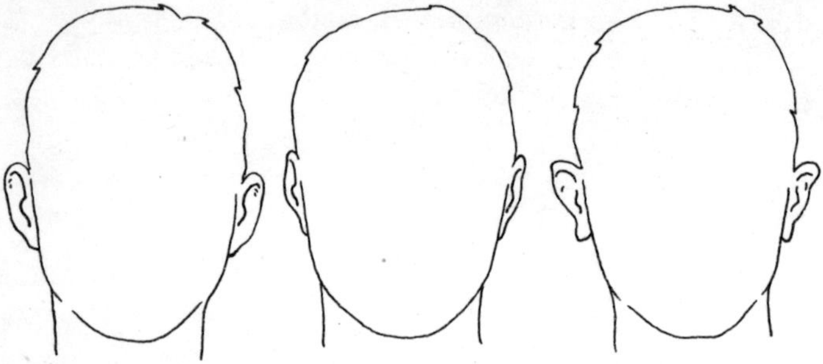

FORME

L'art physiognomonique distingue généralement deux forme d'oreilles: les oreilles rondes et les oreilles pointues.

L'oreille ronde annonce un individu sensuel, audacieux, ambitieux, actif et intuitif.

L'oreille pointue indique un individu introverti, timide, inquiet, mélancolique et inconstant. Quant aux **oreilles en feuilles de chou**, elles sont un indice de vitalité, mais le dynamisme dégénère parfois en agitation. L'individu aux oreilles en feuilles de chou est généralement sensuel, altruiste, autoritaire, inconstant et actif.

En ce qui concerne les oreilles, la physiognomonie a été obligée de se conformer au postulat de physique connu sous le nom de *principe d'indétermination*: en effet, les observations et les études effectuées par Sheldon en 1940 ont conduit les chercheurs à conclure que les traits de caractère fondés sur l'observation des oreilles "ne pouvaient être considérés comme suffisants s'ils n'étaient confirmés par d'autres traits du visage".

Mâchoire et menton

- ***Le menton et la mâchoire sont les éléments qui caractérisent la partie inférieure du visage.***
- ***Leur analyse implique une relecture des notions concernant la forme du visage.***

Notre long cheminement à travers les traits du visage et leurs significations psychologiques touche à sa fin: nous voici en effet arrivés à la zone inférieure du visage, bien au-dessous de la bouche, là où les dernières pièces de notre mosaïque psychologique attendent d'être placées. Bien entendu, d'autres informations peuvent être fournies par le cou, par les cheveux, par la barbe, par les moustaches et par les rides. Mais, à la fin de ce chapitre, vous serez déjà parfaitement en mesure de deviner le caractère de la personne qui vous fait face.

L'art physiognomonique vous aura permis de comprendre le caractère de votre interlocuteur d'après son visage. Grâce à un entraînement régulier, vos rapports avec les autres seront modifiés: vous ne craindrez plus l'inconnu.

Parler de la mâchoire signifie reprendre les symbologies des deux types de visages carré et triangulaire. La mâchoire dessine en effet le contour inférieur du visage et en détermine ainsi la catégorie.

La physiognomonie distingue deux types de mâchoire: la mâchoire large et la mâchoire étroite. Cette typologie doit être associée aux théories concernant le prognathisme de la mâchoire, à savoir la saillie en avant de la partie du visage comprise entre le menton et le nez. Saponaro écrit que le prognathisme indique un "caractère dur, égoïste, têtu, lâche et brutal". Nous n'adoptons pas cette analyse, et nous nous limiterons à décrire les catégories de la typologie classique.

MACHOIRE LARGE

La mâchoire large annonce un **individu doué d'un grand sens pratique et d'une persévérance exceptionnelle**. Cette personne est constamment active, elle a toujours en vue un nouvel objectif: de fait, sa vie est une succession interminable de luttes et se caractérise par une ambition démesurée. C'est un lutteur. Sa vie est une succession de conflits; ses relations avec les autres sont toujours empreintes d'agressivité. Il a tellement confiance en lui qu'il adopte parfois des comportements excessifs, ayant des accès de colère gratuits. Souvent, **il se retrouve seul, en raison de son indélicatesse, de son insensibilité et de son intolérance**.

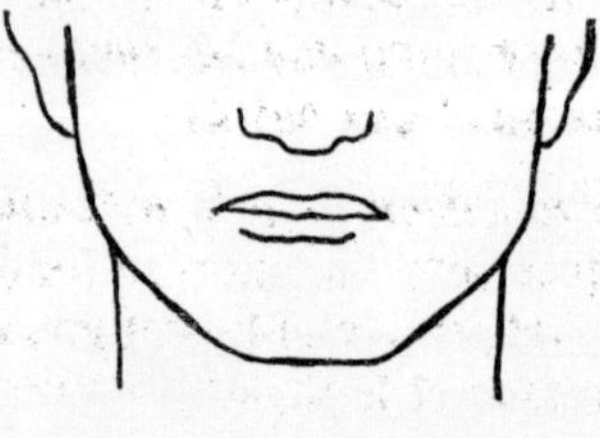

MACHOIRE ETROITE

La mâchoire étroite annonce un **individu doué d'une imagination fertile et d'une grande sensibilité**. Cette personne est incline à l'introspection et très timide, parfois même mélancolique et taciturne. Sa vie est faite de revirements, de renoncements et de résignation. Il s'agit, en d'autres termes, d'un sujet qui se "laisse vivre" et qui se décharge de ses responsabilités sur les autres. Incapable d'affronter une situation, paralysé par sa passivité, il ne parvient pratiquement plus à extérioriser ses qualités intellectuelles. Son intelligence, son intuition et son imagination ne parviennent pas à surmonter la barrière de la timidité. Son manque d'assurance contribue à l'isoler des autres. Seuls le

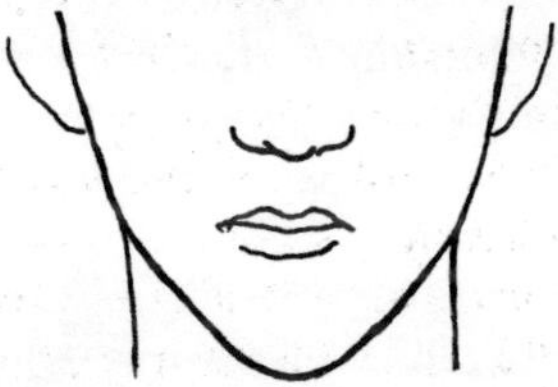

temps et la patience de quelques bons amis arrivent parfois à mettre en valeur ce sujet: **une fois surmontée sa réserve, il se donne complètement aux autres**.

Le menton est étroitement lié à la mâchoire. Les théories physiognomoniques sur le menton se fondent sur le point de vue de l'observateur et établissent une distinction entre le menton vu de face et le menton vu de profil.

MENTON VU DE FACE

La physiognomonie distingue six types de mentons vus de face.

- *Menton large, carré et très osseux*: ambition, ténacité, minutie, égoïsme, détermination et impatience.

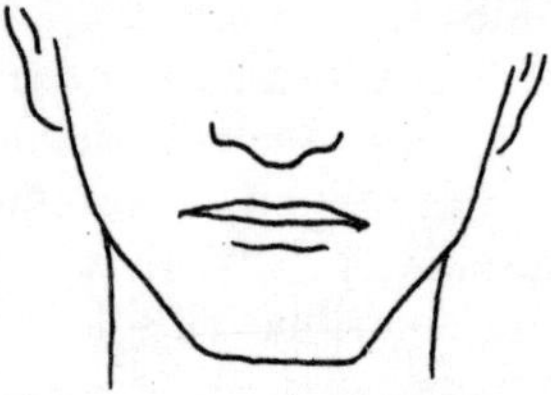

- *Menton carré et osseux aux contours arrondis*: équilibre, volonté, souplesse, éloquence, dynamisme et gaieté.

- *Menton massif*: incohérence, matérialisme, indolence et hypocrisie.

- *Menton étroit et maigre*: timidité, introspection, intelligence, altruisme, susceptibilité et sensibilité.

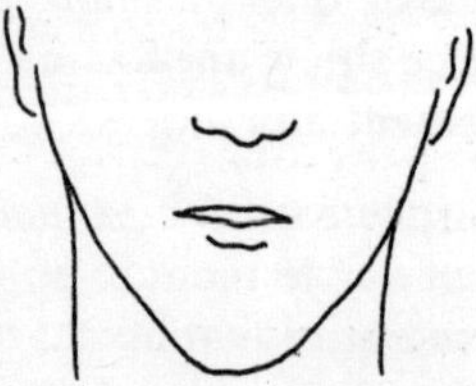

• *Menton rond*: énergie, esprit d'initiative, ambition, obstination, extraversion, vanité et originalité.

• *Menton avec fossette verticale*: amabilité, inconstance, exubérance, détermination, dynamisme et esprit d'initiative.

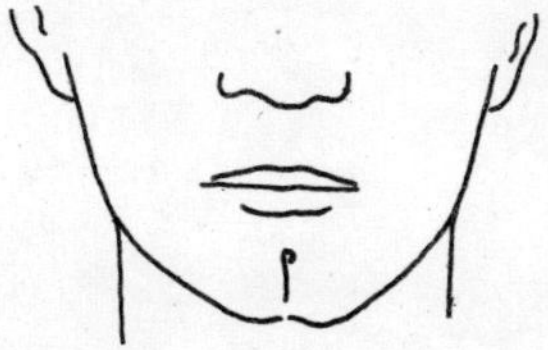

MENTON VU DE PROFIL

La physiognomonie distingue cinq types de mentons vus de profil.

• *Menton droit ou plat*: équilibre, résistance, audace, introspection et esprit d'initiative.

• *Menton avancé*: fermeté, volonté, détermination, minutie, autorité et audace.

• *Menton très avancé (en galoche)*: avarice, astuce, hypocrisie, inconstance, orgueil et égoïsme.

• *Menton fuyant*: prudence, dissimulation, timidité, incohérence et circonspection.

• *Menton très fuyant*: introversion, inconstance, apathie, aboulie, inquiétude et irascibilité.

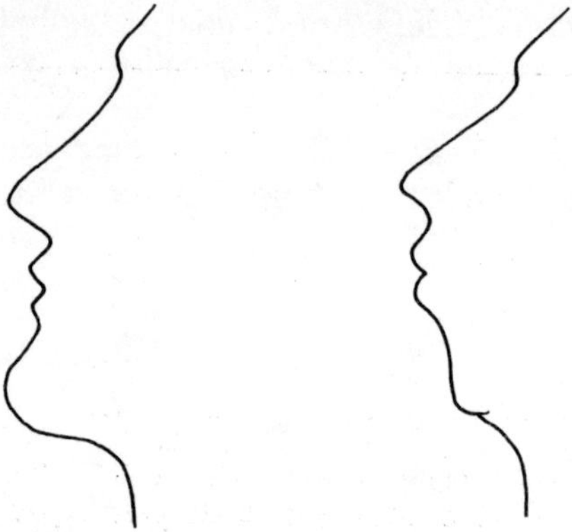

Cette brève analyse étant terminée (ainsi que l'analyse de tous les traits du visage), nous allons maintenant considérer les éléments accessoires du visage. Les pages suivantes ne doivent cependant pas être considérées comme secondaires: plus vos informations seront complètes, plus le portrait psychologique de votre interlocuteur sera exact. C'est pourquoi nous vous conseillons d'examiner le moindre détail du visage, même le plus insignifiant. Encore un petit effort, et vous serez en mesure de peindre à merveille tout portrait de caractère.

Le cou

• ***Pendant longtemps, le cou n'a pas été pris en compte par les physiognomonistes. On lui attribue aujourd'hui quelques significations psychologiques.***

Le cou est un élément du corps qui a été longtemps négligé par les physiognomonistes. Grâce aux études de Jérôme Pazans, dans les années trente, nous en savons aujourd'hui davantage sur les significations psychologiques du cou. Il convient de souligner que ces significations se fondent sur des données statistiques et ne sont donc jamais certaines mais seulement probables. Le lecteur devra étudier le cou en fonction des analyses qu'il aura faites à partir des traits du visage.

Voici les traits de caractère se rapportant aux types de cou les plus répandus.

• *Cou long et effilé*: timidité, sensibilité, minutie, susceptibilité et bon sens.

• *Cou avec pomme d'Adam saillante*: indécision, maniaquerie, irritabilité et bon sens.

- *Cou très effilé*: inconstance, incohérence, hypocrisie et manque d'assurance.

- *Cou court et épais (cou de taureau)*: énergie, vitalité, sensualité, irascibilité et agressivité.

- *Cou tendant au goitre*: volupté, ambition, ténacité, combativité et détermination.

- *Cou courbé*: manque d'assurance, inquiétude, inconstance, hypocrisie et instabilité.

- *Cou droit*: vanité, mépris, égoïsme, agressivité, enthousiasme et originalité.

Ces interprétations, tirées des études de Pazans, ont été reprises et modifiées par Saponaro, qui a introduit quelques variantes et des innovations parfois contestables. Nous avons préféré rapporter ici la leçon originale du chercheur anglo-saxon, la seule qui soit vraiment digne de foi.

Cheveux, barbe et moustache

- ***Indépendamment des modes, les personnes changent de coiffure ou de couleur de cheveux selon leur personnalité et leurs aspirations.***
- ***Les hommes cachent souvent, derrière la barbe ou la moustache, des désirs de puissance, de prestige et d'autorité.***

En ce qui concerne les cheveux, les interprétations proposées par l'art physiognomonique remontent au Moyen Age. Depuis, rien n'a changé, si ce n'est que de nos jours beaucoup de personnes changent plus facilement la couleur de leurs cheveux. Indépendemment des exigences de la mode, le choix de la couleur des cheveux engage directement la personnalité de l'individu. Nous pouvons considérer que la **couleur des cheveux**, même si elle n'est pas naturelle, **révèle les aspirations cachées d'une personne**. L'observateur devra donc analyser une personnalité certes inexistante, mais incarnant les aspirations les plus secrètes de l'individu. Or chacun sait que ce à quoi l'on aspire conditionne tous les gestes et concerne donc le comportement global de la personne. N'oublions pas que l'on joue toujours un rôle jusqu'au bout. C'est pourquoi nous vous indiquons ci-dessous les significations psychologiques que la physiognomonie ancienne attribuait à la couleur et à la forme des cheveux.

La physiognomonie distingue **six types de cheveux**.

- *Cheveux épais*: énergie, vitalité, détermination et méchanceté.

- *Cheveux fins*: sensibilité, minutie, introspection.

- *Cheveux lisses*: sincérité, douceur, réserve, prudence et bonté.

- *Cheveux crépus*: obstination, autorité, combativité et détermination.

- *Cheveux frisés*: irritabilité, inconstance, audace et ambition.

- *Cheveux ébouriffés*: égoïsme, hypocrisie, caractère farouche, ténacité et incohérence.

En ce qui concerne la couleur des cheveux, la physiognomonie ne distingue que **quatre tons**.

- *Cheveux noirs*: vitalité, égoïsme et méchanceté.

- *Cheveux châtains*: spontanéité, tolérance et gaieté.

- *Cheveux blonds*: sensibilité, inconstance et indolence.

- *Cheveux roux*: irascibilité, intolérance et obstination.

LA BARBE ET LA MOUSTACHE

Jusqu'à présent, nos théories concernaient toujours les deux sexes: ouvrons maintenant une parenthèse, consacrée exclusivement au "sexe fort".

• Se laisser pousser la barbe est une manière d'affirmer sa virilité ou de revendiquer une autorité perdue. Il n'entre cependant pas dans notre rôle d'expliquer les motivations d'un tel acte: examinons plutôt les traits de caractère liés au port de la barbe. La barbe correspond toujours à un désir, à une aspiration. Selon les théories physiognomoniques, elle témoigne de désirs très variés, parmi lesquels le **désir de prestige, le goût de l'autorité, la volonté d'être respecté**... Elle cache donc un manque d'assurance pro-

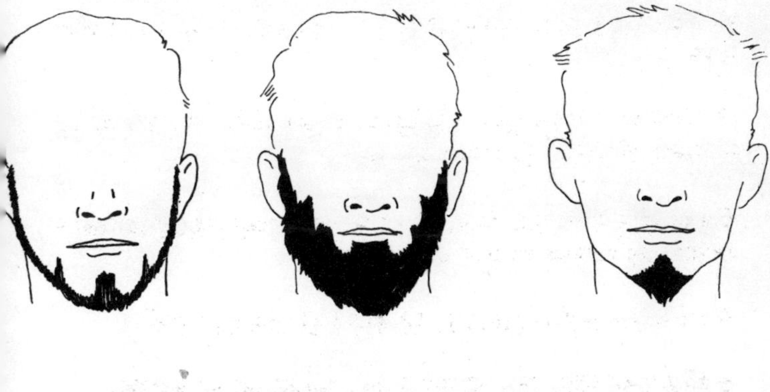

fond. Bien entendu, la barbe peut être également un signe d'**indépendance** (refus de se raser), de **traditionalisme** (imitation des grands personnages du passé) ou de **dissimulation** (cacher aux autres son visage, c'est-à-dire son moi). A l'exception du désir d'être quelqu'un d'autre (désir qui exprime le manque d'assurance et l'incohérence), l'"art physiognomonique" n'est pas encore en mesure de déterminer toutes les significations psychologiques de la barbe.

• Les interprétations physiognomoniques des moustaches sont très nombreuses: nous nous limiterons à en indiquer les plus vraisemblables. Selon *Sheldo*, la moustache "est un emblème de virilité et de conservatisme". Selon Pende, "le port de la moustache reflète une conception coercitive, plongeant ses racines dans une famille de type patriarcal". Selon Gibass, la moustache témoigne d'une vénération pour les idéaux de patrie et de propriété. Pour Saponaro, en revanche, "les personnes à l'esprit étriqué". Ces interprétations étant divergentes, nous ne pouvons donner au-

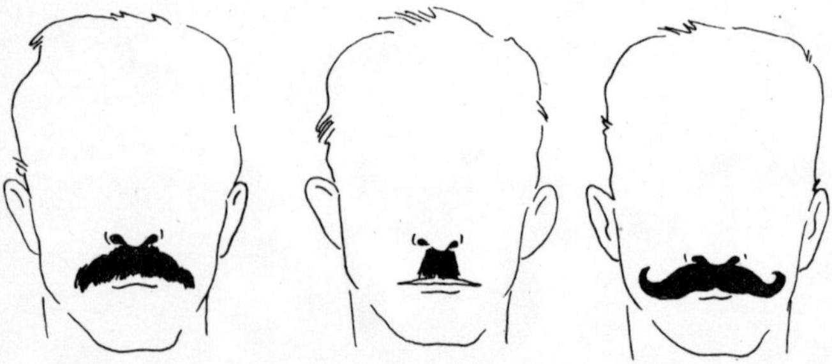

cune interprétation solide du caractère de l'individu à moustache. Par conséquent, mieux vaut éviter de fonder son portrait de caractère sur le port de la barbe et de la moustache. Mieux vaut se limiter aux éléments somatiques dont l'interprétation est sûre et irréfutable.

L'interprétation physiognomonique de la chevelure peut nous être utile pour déterminer le caractère d'un individu. En revanche, l'étude de la barbe et des moustaches est encore beaucoup trop contestable pour servir de base à l'analyse.

Les rides

> • ***Les rides sont les marques creusées par les expressions courantes ou fréquentes du sujet: elles dénotent en quelque sorte l'attitude mentale d'une personne.***

Les rides présentes sur le visage d'une personne sont l'expression de ses mimiques les plus fréquentes. Dès l'Antiquité, l'art physiognomonique leur a consacré une **attention toute particulière**: les rides peuvent en effet contribuer à mieux connaître l'attitude mentale dominante d'une personne, et donner plus d'informations sur le caractère.

Sans nous attarder outre mesure sur ce sujet, nous nous limiterons à exposer les interprétations psychologiques des **rides du front** (les plus importantes) et des **rides du visage**.

LES RIDES VERTICALES DU FRONT

La physiognomonie distingue deux types de rides du front: les rides verticales et les rides horizontales.

Les rides verticales, également nommées les "rides du souci", **expriment les sentiments déterminés par la volonté et**

par l'intelligence: elles annoncent en effet l'ambition, la tension nerveuse, la fatigue, l'inquiétude, le mépris et la versatilité. Habituellement, les rides verticales se trouvent près des sourcils: examinons maintenant en détail leur signification.

• *Rides asymétriques très marquées entre les sourcils*: insatisfaction, irascibilité, manque d'assurance et d'équilibre.

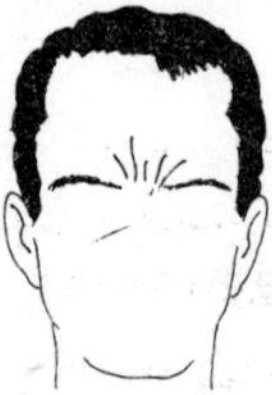

• *Rides assez marquées entre les sourcils*: introversion, instabilité, monomanie et scepticisme.

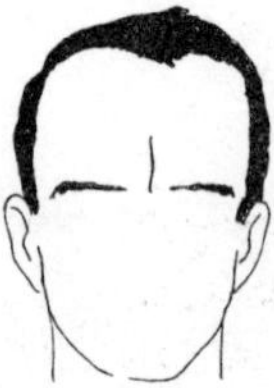

• *Rides assez marquées, coupant le front jusqu'à la naissance des cheveux*: irascibilité, perfidie, ténacité, cruauté et audace.

• *Rides symétriques partant des sourcils*: curiosité, extraversion, franchise, enthousiasme et spiritualité.

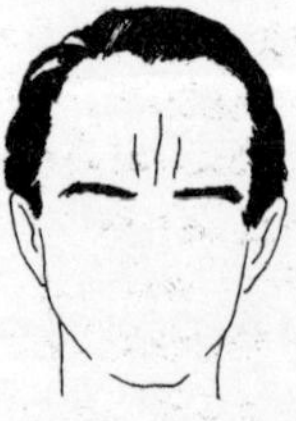

Il est évident que les rides verticales situées entre les sourcils ne peuvent être associées au type de caractère exposé que si le front est normal. **Si le front est étroit**, bas ou déformé, les rides indiquent plutôt que la personne lutte pour résoudre des problèmes qui la dépassent, à savoir qu'il s'agit d'un individu dont l'ambition n'est pas soutenue par l'intelligence.

LES RIDES HORIZONTALES DU FRONT

Les rides horizontales expriment un relâchement de l'activité intellectuelle et de la volonté: elles témoignent en effet d'états d'âme passifs, allant du manque de confiance à l'inconscience, voire à l'obnubilation mentale. Les interprétations psychologiques des rides horizontales du front se fondent sur leur emplacement et sur leurs dimensions.

• *Rides sur la partie supérieure du front*: faiblesse, apathie, manque d'assurance et formalisme.

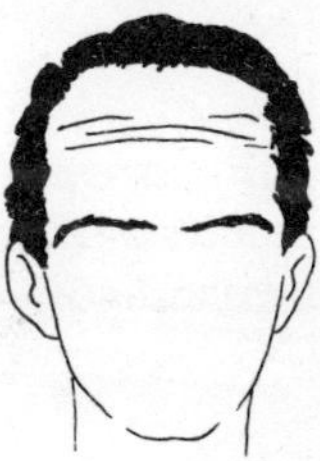

• *Rides sur la zone centrale du front*: anxiété, exhibitionnisme, inconstance et incohérence.

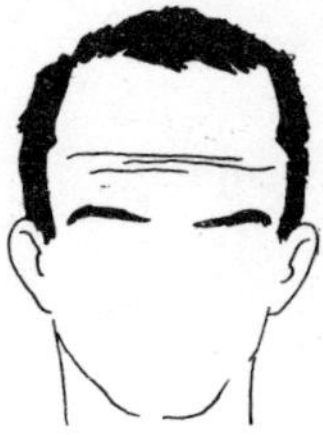

• *Rides sur la zone inférieure du front*: introspection, timidité, concentration et docilité.

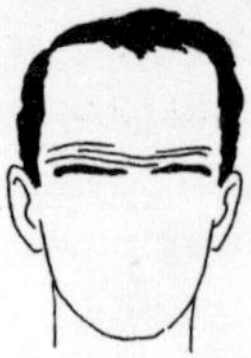

• *Rides longues et droites*: tranquillité, optimisme, bienveillance et loyauté.

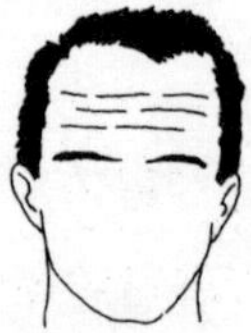

• *Rides en accent circonflexe*: orgueil, mépris, égoïsme et arrogance.

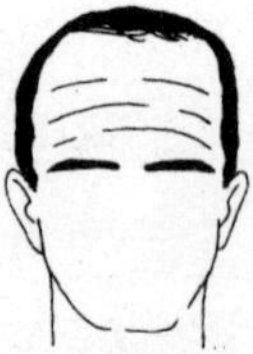

• *Rides en accent circonflexe renversé*: indécision, irrésolution, inquiétude et incohérence.

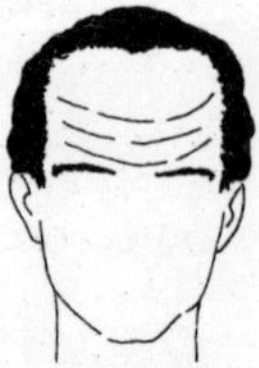

• *Rides régulières et sinueuses*: constance, tolérance, cohérence et diplomatie.

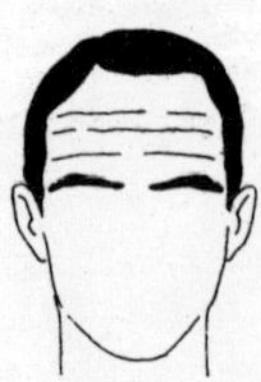

• *Rides irrégulières et tordues*: inconstance, agitation, inquiétude et incohérence.

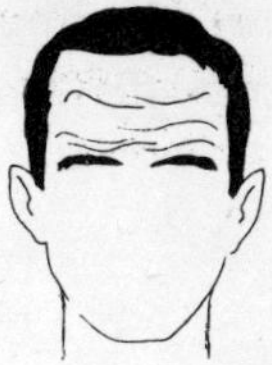

Avant de passer aux rides du visage, précisons que l'absence de rides sur le front annonce la satisfaction, la sérénité, l'égoïsme, l'insensibilité et la coquetterie. Ces caractéristiques sont parfois doublées d'intolérance, de cruauté et d'hypocrisie.

LES RIDES DU VISAGE

Les interprétations exposées dans ce paragraphe concernent les rides du visage les plus visibles. Nous laisserons de côté les rides qui n'ont pas encore été étudiées de façon systématique et auxquelles l'art physiognomonique n'est pas en mesure d'attribuer une valeur psychologique. La typologie suivante correspond intégralement aux théories de Cornay, un des rares physiognomonistes qui se soit occupé des rides au siècle dernier.

• *Rides à l'angle interne de l'œil*: inquiétude, indécision, manque d'assurance et fragilité émotive.

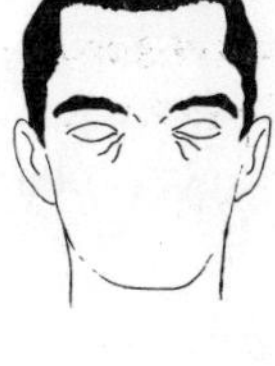

• *Rides à l'angle externe de l'œil ("pattes-d'oie")*: inquiétude, manque d'assurance, crainte et inconstance.

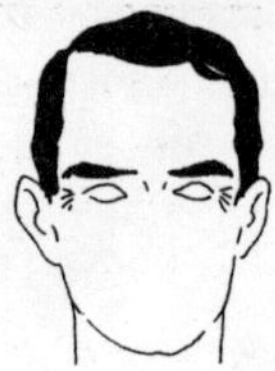

• *Rides aux coins de la bouche*: gaieté, ambition, esprit d'initiative et audace.

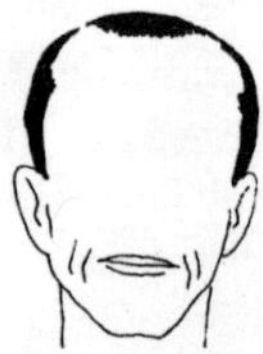

• *Rides situées entre la racine du nez et les commissures des lèvres*: mépris, autorité, concentration, introversion et égoïsme.

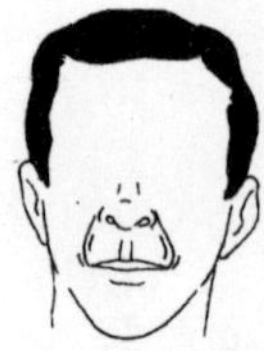

• *Rides verticales des joues*: audace, intolérance, inquiétude, inconstance, ténacité et agressivité.

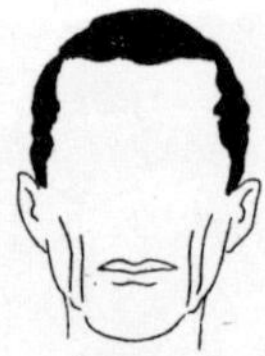

• *Rides sous le menton (double menton)*: générosité, diplomatie, complaisance, tolérance et susceptibilité.

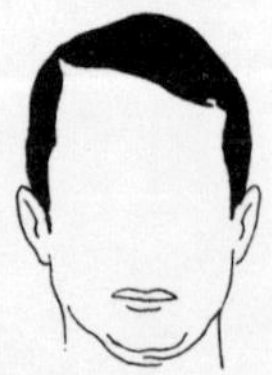

Nous nous excusons auprès du lecteur pour la brièveté de ces notes sur les rides. Nous tenons toutefois à souligner, une fois encore, que la physiognomonie se fonde sur l'étude des traits du visage. Les rides étant des éléments acquis, nous n'avons pas cru nécessaire de nous étendre davantage sur ce sujet.

Appendice

Jusqu'à présent, nous avons exposé la physiognomonie selon les canons fournis par ses inventeurs et leurs successeurs, c'est-à-dire en nous fondant exclusivement sur les traits du visage. **Le mode d'analyse physiognomonique ne présente aucune difficulté et permet, par un entraînement régulier, d'obtenir d'excellents résultats** en ce qui concerne l'interprétation psychologique. Si les traits somatiques nous ont appris à reconnaître les différents caractères, d'autres informations peuvent nous être fournies par l'expression du visage et affiner (ou contribuer à former) le portrait du caractère.

Le regard, la mimique et le sourire font l'expression d'un visage. Nous remarquons parfois qu'un de ces éléments est dominant, ou bien qu'il change constamment, en fonction du sentiment qui occupe l'âme ou l'esprit de notre interlocuteur à un moment donné. Quoi qu'il en soit, toute personne a une expression dominante, qui finit par trahir son caractère habituel. Dans cet appendice, nous essaierons de définir le caractère en interprétant le regard, la mimique et le sourire.

Le regard

- ***Nombreux sont les adjectifs et les métaphores définissant le regard dans le langage poétique et littéraire.***
- ***Il s'agit sans nul doute de l'élément extérieur qui peut nous fournir les indications les plus fiables sur le caractère de notre interlocuteur.***

On dit généralement que le regard dévoile la vie intérieure d'une personne. Il s'agit en effet de l'élément extérieur le plus significatif du caractère d'un individu, celui qui peut nous fournir les informations les plus fiables sur les intentions réelles de notre interlocuteur.

Sans entrer dans le détail des éléments biologiques déterminant le type de regard (contractions musculaires, sécrétions des glandes, caractéristiques anatomiques du globe oculaire, etc.), nous allons essayer d'associer les différents types de regard au caractère de l'individu.

Il faut dire tout d'abord que la **dilatation de la pupille** (qui rend les yeux plus lumineux) est un indice d'émotions excitantes, telles que la colère, la gaieté, l'enthousiasme, etc. La **contraction de la pupille** (qui rend les yeux moins lumineux) indique en revanche l'**introspection**, la **tristesse** et la

mélancolie. Ces affirmations, résultant d'une étude statistique effectuée par Pazans entre 1932 et 1935, ne sont pas sans fondement: il convient néanmoins de souligner que la contraction de la pupille est également déterminée par la luminosité du milieu ambiant.

Le regard peut exprimer une infinité d'états d'âme: de la joie à la douleur, de l'amour à la haine, de l'enthousiasme à l'apathie, de l'espoir au désespoir, etc. Examinons maintenant, à la lumière de l'art physiognomonique, les analogies entre le regard d'un individu et son caractère.

- *Regard droit et déterminé*: caractère loyal, volontaire, vertueux et attentif.

- *Regard mobile et vague*: caractère rêveur et distrait.

- *Regard tourné vers le haut*: caractère spirituel, facilement exalté et capable d'extases.

- *Regard tourné vers le bas*: caractère matérialiste, irascible, intolérant et égoïste.

- *Regard oblique*: caractère méfiant, soupçonneux, déloyal et enclin au mensonge.

- *Regard fixe et attentif*: caractère énergique, entreprenant et ambitieux.

- *Regard fixe et distrait*: caractère apathique, indifférent et inconstant.

- *Regard inquiet et attentif*: caractère anxieux, vif et frivole.

- *Regard inquiet et distrait*: caractère inconstant et rêveur.

- *Regard pénétrant*: caractère intuitif, intelligent, entreprenant et ambitieux.

- *Regard radieux*: caractère sensible, tolérant et doux.

- *Regard brillant*: caractère passionné, émotif et enthousiaste.

- *Regard scintillant (regard d'acier)*: caractère volontaire, résolu, impérieux et méprisant.

- *Regard trouble*: caractère apathique, pessimiste et hypocrite.

- *Regard fuyant*: caractère timide, manquant d'assurance, indécis et enclin au mensonge.

- *Regard indiscret*: caractère fourbe et soupçonneux, tendant à la dissimulation.

La mimique

- ***La mimique peut dévoiler la vie intérieure d'une personne, son caractère, ses états d'âme.***
- ***Les mouvements volontaires et les mouvements involontaires.***
- ***Le tic.***

Le visage de l'homme est continuellement en mouvement: c'est ce qu'on appelle la mimique. **Pendant qu'il parle, lit, écoute, regarde ou travaille, l'homme exprime par les muscles du visage une partie de sa vie intérieure**.

Les mouvements que nous voyons sur le visage d'une personne sont en effet le reflet de ses aspirations et de ses états d'âme. A travers la mobilité des muscles, le visage est en mesure de parler au physiognomoniste averti, mais également de raconter à un observateur distrait tous les tourments et toutes les émotions. Combien de fois n'avons-nous pas affirmé en regardant la mimique d'un visage: "Cet homme a peur". Ou bien: "C'est une personne anxieuse". Et ce sans connaître la situation dans laquelle était la personne que nous observions. Chacun sait, par expérience, que certains sentiments s'accompagnent d'une mimique particulière: nous arrivons ainsi à percevoir les émotions d'autrui de façon machinale, sans avoir besoin de réfléchir. **La mimique peut nous révéler** la haine, la peur, la douleur, l'anxiété, la surprise, le reproche, le mépris, l'orgueil... en bref, **toute la gamme des sentiments humains**.

La physiognomonique distingue deux types de mouvements mimiques: les mouvements volontaires et les mouvements involontaires.

• **La mimique volontaire** est plus facile à interpréter dans la mesure où l'acte accompli permet de remonter immédiatement aux intentions de l'individu. Par exemple, l'homme qui fronce les sourcils ou serre les lèvres signale qu'il est en train d'accomplir un effort mental, indice de volonté. S'il cligne fréquemment les yeux, il signale qu'il a peur de la réalité qui l'entoure, ce qui annonce un manque d'assurance et une certaine passivité.

• **La mimique involontaire**, plus difficile à interpréter, se compose de petits mouvements que l'individu accomplit de façon inconsciente. Dans la plupart des cas, il s'agit de mouvements insignifiants. Avec le temps, ils finissent néanmoins par caractériser l'individu et permettent ainsi de dresser son portrait psychologique. Généralement, ces petits mouvements sont l'indice d'intentions occultes, de tendances ignorées, d'émotions étouffées, autrement dit d'éléments qui, n'ayant pas d'identité précise, peuvent être considérés comme négatifs.

• **L'analyse de la mimique peut également se fonder sur la quantité des mouvements accomplis**. Les visages très mobiles expriment généralement un caractère vif, décidé, énergique, parfois doublé d'inconstance, de timidité et d'instabilité. Les visages peu mobiles révèlent habituellement un caractère apathique et engourdi. Selon les théories de *Pazans*, si le front de la personne est bien proportionné, l'individu en question, loin d'être apathique, se révèle avoir un tempérament décidé, réfléchi et volontaire.

Citons également quelques interprétations de *Karl Jaspers*, publiées dans son traité sur la philosophie de l'expression: bien que décrivant des situations à la limite du pathologique, elles peuvent se révéler significatives si l'individu analysé présente les mêmes traits de caractère que les sujets décrits ci-dessous.

• *Individu neurasthénique*: mimique tourmentée et inquiète.

• *Individu anxieux*: mimique frénétique et gaie.

• *Individu hystérique*: mimique faible et extatique.

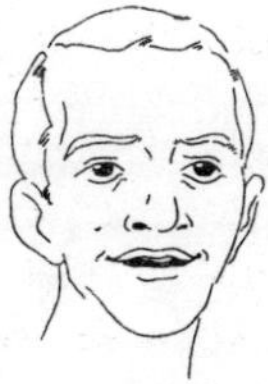

• *Individu paranoïaque*: mimique méprisante et dédaigneuse.

• *Individu mélancolique*: mimique résignée et glaciale.

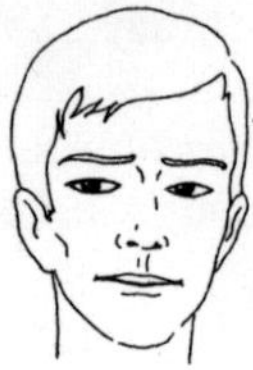

LE TIC

Nous ne pouvions traiter de la mimique sans analyser le phénomène fondamental du tic.

Le tic est une contraction musculaire involontaire et incontrôlable de très courte durée. Le tic peut simuler ou répéter toute expression mimique: de la colère à la raillerie, de la terreur à la stupeur, du mépris à la complaisance, etc. Généralement, il est le **signe d'une tension réprimée**, déterminée par l'anxiété du sujet. Le tic caractérise en effet un individu anxieux, agité, inquiet et manquant d'assurance, qui manifeste ainsi son désappointement face à une situation ennuyeuse ou insoutenable. Ce petit geste inconscient joue un rôle de compensation.

Le sourire

> • ***Le sourire, au même titre que le regard et la mimique, est un élément qui contribue à déterminer l'expression habituelle d'un visage.***
>
> • ***Le rire et les larmes, en revanche, sont une manifestation paroxystique des sentiments.***

• Le sourire est un élément qui permet d'attribuer au visage son expression dominante. Généralement, **s'il est spontané**, il exprime les qualités positives du caractère, telles que la bienveillance, la sociabilité, l'altruisme, l'indulgence, l'assurance et la sensibilité. **Lorsque le sourire est forcé**, il indique en revanche le mépris, l'hypocrisie, la vanité, la dissimulation.

Le sourire, fronçant légèrement la bouche le temps d'un éclair, ne nous permet pas d'établir des analogies avec le caractère. Nous nous limiterons donc à citer une série d'adjectifs concernant le sourire, qui peuvent également définir le caractère d'une personne.
Le sourire peut être: large et ouvert ou étroit, doux ou amer, lumineux ou sombre, joyeux ou triste, débonnaire ou ironique, persistant ou fugace, affectueux ou méprisant,

confiant ou hypocrite. En partant de ces adjectifs, un observateur attentif pourra remonter aux particularités psychologiques de son interlocuteur.

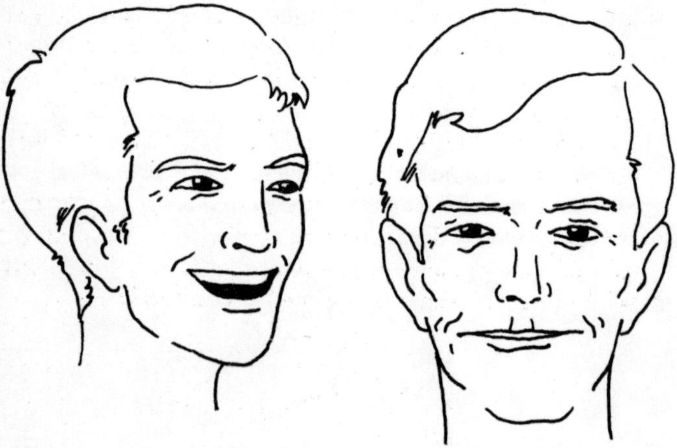

• Il convient également de parler brièvement du rire. **Le rire, au même titre que les larmes**, est considéré comme **une manifestation paroxystique** et ne constitue pas, un élément habituel de l'expression. Cependant, comme le sourire, il peut constituer un terme de comparaison pour déterminer le caractère.

Le rire peut être: franc et ouvert, joyeux, timide, vulgaire, équivoque, sarcastique, sardonique, futile, pervers, explosif (typique de l'individu timide, émotif et optimiste), faux (typique de l'individu accomplissant un devoir social), éclatant (typique des natures impétueuses et incapables de se contrôler), doux (typique des personnes sensibles), grave (indice d'un caractère mélancolique ou indulgent), dissimulé (typique d'un individu aux aguets), sonore (expression d'un caractère franc et enthousiaste), malicieux (caractéristique d'un individu observateur, critique et attentif) ou chaud (indice d'un caractère sincère et affectueux).

Nous pouvons cependant distinguer d'autres types de rire (et donc de caractères), en nous fondant sur des analogies psychologiques déjà connues. Ainsi, nous avons le rire d'approbation (typique du subalterne ou de la personne qui veut plaire), le rire accompagné de grands gestes (dissimulateur, dans la mesure où il révèle l'incohérence entre la mimique et l'état d'âme), le rire entrecoupé de tremblements (expression d'une activité réprimée), le rire crispé (typique d'une personne manquant d'assurance) et le rire étouffé (caractéristique d'une nature contrariée).

• Quant aux **larmes**, elles indiquent, en règle générale, des états d'âme tels que l'émotion, la douleur, l'angoisse, la dépression (mais parfois aussi la joie et la colère). La faculté de retenir ses larmes annonce un caractère ferme, résolu et sensible. La propension à pleurer signale l'**émotivité, la sensibilité, l'inquiétude et le manque de self-control**.

Table des matières

Achevé d'imprimer
en mai 1995
à Milan, Italie, sur les presses de
Lito 3 Arti Grafiche s.r.l.

Dépôt légal : mai 1995
Numéro d'éditeur : 3895